DEUTSCHE ORDEN
UND EHRENZEICHEN

NIMMERGUT / FEDER / KASTEN

DEUTSCHE ORDEN UND EHRENZEICHEN

DRITTES REICH, DDR UND BUNDESREPUBLIK
1933 BIS HEUTE

BATTENBERG

Bibliografische Information Der Deutschen Bibliothek

Die Deutsche Bibliothek verzeichnet diese Publikation in der Deutschen
Nationalbibliografie; detaillierte bibliografische Daten sind im Internet
über http://dnb.ddb.de abrufbar.

ISBN: 978-3-86646-154-3

10. aktualisierte Auflage 2017
© 2017 Battenberg Verlag in der
Battenberg Gietl Verlag GmbH · Regenstauf
(www.battenberg.de)
ISBN 978-3-86646-154-3

Inhaltsverzeichnis

Vorwort zur 10. Auflage

Die mit der 9. Auflage abgeschlossene Umbewertung nach Materialien für alle Nummern im Deutschen Reich (Drittes Reich 1933-1945) ist in Kongruenz zum OEK erfolgt und mit breiter Zustimmung der Sammlerschaft belohnt worden.

Nunmehr konnte in der 10. Auflage das „Deutsche Kreuz 1941–1945" um sieben weitere Positionen bebildert und damit weitgehend in der Systematisierung abgeschlossen werden.

Im zivilen Bereich konnten der „Deutsche Adler Orden" in 11 Positionen und die Gau-Abzeichen in sechs Positionen ergänzend bebildert werden. Im militärischen Bereich fanden weitere Überarbeitungen/Verbesserungen beim „Eisernen Kreuz" statt, so bei den Stempelungen, der Unterscheidung in 1. und 2. Ausführung/Fertigung sowie bei genaueren Formulierungen fraglicher Verleihungen. Beim „Deutschen Kreuz in Silber" kann erstmals das sehr seltene frühe Modell mit 10 Vollnieten (VS und RS) gezeigt werden. Außerdem ist das „Allgemeine Sturmabzeichen" nun nahezu komplett bebildert, die Frontflugspangen sind auf sieben Positionen und die nichttragbaren Auszeichnungen der Luftwaffe auf 3 Positionen neu bebildert.

Das Deutsche Reich (Drittes Reich 1933-1945) wurde preislich komplett bearbeitet. Von den bisherigen 447 Abbildungen wurden 94 ausgetauscht bzw. hinzugefügt.

Zur Preisgestaltung

Die neu eingeführte Berechnungsmethode nur noch die Zuschläge der Auktionshäuser zu berücksichtigen und nicht mehr die Aufrufpreise, die vielfach zu Lockangeboten verzerrt wurden, hat sich bewährt, obwohl dadurch einige einmalige Preissprünge verzeichnet werden mussten. Auffällig ist der Trend zur Konvolutbildung im Angebot der Auktionshäuser. Kleinpreisige Ehrenzeichen, oft in mehreren Exemplaren, gemischt mit Uniform-Effekten, Veranstaltungs- und Spendenabzeichen, werden unter einem Preis angeboten. Laut den Anbietern verkaufen sie sich gut, vor allem an Internethändler, die das Konvolut detaillieren, also einzeln weiter verkaufen und sich offensichtlich mit geringen Gewinnen zufrieden geben. Für unsere Preisermittlung fallen durch die Konvolute zunächst zahlreiche Einzelposten für den Katalog aus, da sich die Einzelpreise aus dem Konvolut-Zuschlag nicht seriös heraus rechnen lassen. Zum Teil lassen sich diese Preise durch die Beobachtung im Internet (z.B. eBay) ersetzen. Ein Substanzverlust im Preisgefüge ist durch die Konvolute nicht gegeben.

Alle Preise verstehen sich in Euro und sind gerundet. Ein ★ steht dafür, dass es sich um ein äußerst seltenes Teil handelt, das am Markt nicht präsent ist. Die Zahl der Sternchen konnte wiederum gesenkt werden, diesmal sind es zehn weniger. Zur Minderung der Sternchen haben vor allem seltene Exemplare aus aufgelösten Sammlungen, u.a. Seymour, Blass, Hamelman sowie Hessenthal und Schreiber, in den letzten Jahren beigetragen.

Trend

Nach wie vor ist im Dritten Reich 1933-1945 das Marktbild uneinheitlich. Bestimmte höherpreisige Segmente sind zwischenzeitlich gesättigt, etwa alle Ausführungen des „Deutschen Adler Ordens" ohne Schwerter. In den mittleren Segmenten sind die Preise bei den Teilen im guten Zustand stabil. Deutlich im Preis angezogen hat dagegen das „Ehrenzeichen vom 9.Nov.1923", das inzwischen in der Normalausführung bereits mit über 5.000 Euro gehandelt wird. Im gleichen Trend liegen die Dienstauszeichnungen der NSDAP, vor allem die der 3.Stufe. Auch die Gau-Ehrenzeichen haben zugelegt und beim Reichsberufswettkampf vor allem die Abzeichen der Reichssieger. Im militärischen Bereich sind die Spanienkreuze stabil, ein Anstieg dagegen ist weiterhin bei den Ärmelschilden zu verzeichnen. Bei der Luftwaffe haben nach einem erneuten Preisanstieg die Frontflugspangen und die Luftgau-Plaketten offensichtlich ihren preislichen Höhepunkt erreicht.

Generell sind Orden und Ehrenzeichen im Etui oder aus nachweislichen personellen Gruppen gefragt. Auch wenn sie aus einer Gruppe heraus einzeln angeboten werden, werten sie deutlich höher als ohne den historisch-personellen Hintergrund. Das gilt auch für große Ordensspangen. Abschließend ist festzustellen, dass der Preisanstieg bei den wenigen Ausführungen in Gold seinen Höhepunkt erreicht haben dürfte.

Lesart der Materialien

Abgekürzte Materialangaben geben das Material des gesamten Exemplars an, z.B. bei einem EK 1.Kl. 1914 mit Schraubscheibe:

E gs/S/WM = Eisen geschwärzt (für den Kern)
             Silber (für die Fassung)
             Weißmetall (für die Schraubscheibe)

Die Trennstriche stehen jeweils für die verschiedenen Materialangaben bei einem Exemplar, wie für Rahmen, Medaillon, Schwerter usw.

Für den Erhaltungsgrad der bewerteten Exemplare wurde die Einschätzung der Auktionshäuser übernommen. Generell geht der Katalog von einer mittleren Einstufung aus. Seit seinem Start ist dieser Katalog als schnelle Sammlerhilfe konzipiert. Sein Fortbestehen seit über 20 Jahren beweist, dass er diesen Anspruch erfüllt und die Vorgaben, aktuell, preisgerecht und benutzerfreundlich zu sein, eingehalten hat. Das wird auch in Zukunft das Anliegen der Autoren sein. Für Korrekturen, Anregungen und die Bereitstellung von reprofähigem Bildmaterial sind der Verlag und die Autoren jederzeit dankbar.

Im September 2017
Jörg Nimmergut

Bundesrepublik Deutschland

Da die Bearbeitung dieses Katalogteils nur kurzfristig übernommen werden konnte, wurden im Teil B nur wenige Änderungen vorgenommen.

Der Schwerpunkt liegt auf Teil A, aus dem alle Kopien/Reproduktionen entfernt wurden.

Die Besonderheit der Auszeichnungen im Teil A ergibt sich aus dem Gesetz von 1957 über Titel, Orden und Ehrenzeichen (Ordensgesetz), § 6, Absatz (1), Nr. 2 und 3.

Dort wurde festgelegt, und das ist bis heute unverändert gültig, dass bestimmte Orden und Ehrenzeichen, die im Zeitraum von 1934 bis zum 8. Mai 1945 gestiftet worden sind, nur ohne nationalsozialistische Embleme getragen werden dürfen.

Das sind nach herkömmlichen Begriffen keine Originale, da die Originale bereits im Katalogteil Deutsches Reich (Drittes Reich) erfasst sind. Diese Auszeichnungen sind aber auch keine Kopien/Reproduktionen, da sie staatlich offiziell genehmigt sind. Man kann sie daher als Ersatz-Originale bezeichnen.

Im Februar 1958 wurde vom Bundesminister des Innern die Beilage zum Bundesanzeiger Nr. 41 herausgegeben, in der die in geänderter Form wieder zugelassenen Orden und Ehrenzeichen aufgelistet und die Abbildungen der Muster veröffentlicht sind.

Die gemäß Ordensgesetz § 6 (1) Nr. 2 in der Anmerkung angeführten Muster und Herstellungsvorschriften sind beim Innenministerium noch vorhanden, die Muster sind allerdings nicht vollzählig.

Das Sammeln dieser Ersatz-Originale ist in den vergangenen Jahren national und international intensiviert worden. Die Sammler legen besonderen Wert auf früh hergestellte Exemplare, unterschieden nach Herstellern und verschiedenen Herstellungs-Zeiträumen.

In der Bewertung der Preise wird ein mittlerer Preisrahmen angegeben, wobei ältere Auszeichnungen höhere Preise rechtfertigen. Die in letzter Zeit in großer Anzahl im Internet angebotenen Neuanfertigungen werden von den meisten Sammlern als weitgehend wertlos eingestuft.

In Bezug auf die Benennung dieser Auszeichnungen wird auf amtlich korrekte Bezeichnungen wie z.B. „Ein in geänderter Form wieder zugelassenes Eisernes Kreuz 2. Klasse ohne nationalsozialistisches Emblem" verzichtet, stattdessen wird die national und international akzeptierte Kurzform „1957er Auszeichnungen" oder noch einfacher „57er Auszeichnungen" (in Englisch „57er decorations") verwendet, z.B „57er EK 2".

Im September 2017
Uwe Kasten

Abkürzungsverzeichnis der Materialien

Für die Materialangaben und Materialbearbeitungen von Orden und Ehrenzeichen wurden folgende Abkürzungen gewählt:

Materialien

Alp	Alpaka
Alu	Aluminium
Ar	Argentan
BM	Buntmetall
Br	Bronze
Cp	Cupal
E	Eisen
G	Gold
GBr	Geschützbronze
GoBr	Goldbronze
KM	Kriegsmetall bzw. Zink
Ku	Kupfer
KuBr	Kupferbronze
LM	Leichtmetall
Me	Messing
MeBr	Messingbronze
Ni	Nickel
Pl	Platin
S	Silber
St	Stahl
Tb	Tombak
WM	Weißmetall
Z	Zink

Veredelungen

br	bronziert
gbr	goldbronziert
gs	geschwärzt
get	getönt
lack	lackiert
leg	legiert
pt	patiniert
ox	oxidiert
sbr	silberbronziert
vk	verkupfert
vm	vermessingt
vn	vernickelt
vg	vergoldet
vs	versilbert
vz	verzinkt
w	weiß

Deutsches Reich (Drittes Reich) 1933 – 1945

Verdienstorden vom Deutschen Adler
Deutscher Adlerorden (DAO), Klasseneinteilung
vom 27. Dezember 1943

1	**Großkreuz** mit Brillanten (Kleinod ohne Brillanten), 66 mm, 1937	G	★
2	Goldender Bruststern zum Großkreuz mit Brillanten, 91 mm, acht Strahlen, 1937	G	60 000.–
3	Goldenes Großkreuz, 66 mm, 1939 – 1943	G	40 000.–
4	Goldener Bruststern zum Großkreuz, 91 mm, acht Straheln	S/G	30 000.–
5	Großkreuz, 60 mm, am Ring 1937 – 1939	Sv	15 750.–
6	wie vor, an der Agraffe, 1939 – 1943	Sv	7400.–
7	Bruststern zum Großkreuz, 80 mm, acht Strahlen, 1937 – 1943	S/Sv	6000.–
7/1	wie vor, Diagonalstrahlen verkürzt	S/Sv	15 500,–

8	Großkreuz mit Schwertern, 60 mm, 1939 – 1943	S/Sv	7000.–

9　　Bruststern mit Schwertern, 80 mm,
　　　acht Strahlen　　　　　　　S/Sv　5850.–

10　　**DAO 1. Klasse**, 50 mm　　　　Sv　4400.–

| 11 | Bruststern 1. Klasse, 80 mm, acht Strahlen | S/S | 3500.– |
| 12 | DAO 1. Klasse mit Schwertern, 50 mm | Sv | 5200.– |

| 13 | Bruststern 1. Klasse mit Schwertern, 80 mm, acht Strahlen | S/S | 4200.– |

14   **DAO 2. Klasse**, 50 mm, am Ring, Halsdekoration,
1937 – 1939   Sv   2400.–

15   DAO 2. Klasse, 50 mm, an der Agraffe, 1939 – 1943
Sv   2315.–

16   Bruststern, 75 mm, sechs Strahlen,
              1937 – 1943   S/Sv   2875.–

17   DAO 2. Klasse mit Schwertern, 50 mm,
              nur mit Agraffe, Halsdekoration   Sv   2100.–

18	Bruststern mit Schwertern, 75 mm, sechs Strahlen	S	2850.–
19	**DAO 3. Klasse**, 50 mm, am Ring, Halsdekoration, identisch mit Nr. 14	Sv	2300.–
20	wie vor, an der Agraffe	Sv	1625.–
21	DAO 3. Klasse mit Schwertern, 50 mm, Halsdekoration	Sv	1850.–
22	**DAO 4. Klasse**, 50 mm, 2. Stufe, Steckkreuz, 1937 – 1939	Sv	1600.–
23	DAO 4. Klasse mit Schwertern, 50 mm, Steckkreuz, Schwerter 34 mm	Sv	1500.–

24	wie vor, mit Schwertern 38 mm	Sv	1750.–

25   **DAO 5. Klasse**, 45 mm, am Ring, Banddekoration,
           3. Stufe, 1937 – 1939   Sv   1100.–
                                                          G   ★

26   wie vor, an der Agraffe   Sv   765.–

27   DAO 5. Klasse mit Schwertern, 45 mm,
           Banddekoration   Sv   1115.–

Medaillen

28   Deutsche Silberne Verdienstmedaille, 38 mm,
Frakturschrift, 1939 – 1943   S   485.–

29   wie vor, Blockschrift, 1943 – 1945   S   435.–
Zn vs   385.–

30   wie vor, mit Schwertern, 38 mm, Frakturschrift   S   560.–

31   wie vor, Blockschrift   S   530.–
KM vs   490.–

32　　　　wie vor, bronzene Medaille, 38 mm,
　　　　　　Blockschrift, 1939 – 1943　　　　　　　Br　　300.–

33　　　　wie vor, mit Schwertern　　　　　　　Br ox　　455.–

Deutscher Nationalpreis für Kunst und Wissenschaft

34   Schärpe mit Agraffe, 1937, 1938   20 000.–

| **35** | Bruststern mit Brillanten, 1937 | Pl/G | ★ |
| **35/1** | wie vor, 1938 | Pl/G | ★ |

Deutscher Orden, 1942 – 1945

36   1. Klasse, 1. Stufe, Goldenes Kreuz
mit Lorbeerkranz und Schwertern,
Halsdekoration, 1942 – 1945   Br vg   26 500.–

37   2. Klasse, 2. Stufe, Goldenes Kreuz,
Halsdekoration   Br vg   19 500.–

38   wie vor, 2. Klasse, 2. Stufe, mit Eichenlaub
und Schwertern, Halsdekoration   Br vg 23 750.–

39   3. Klasse, 3. Stufe, Steckkreuz,
keine Verleihungen erfolgt   Br vg 15 200.–

Zivile Ehrenzeichen

40   Rettungsmedaille am Band, 1933 – 1945   S   365.–

41   Erinnerungsmedaille für Rettung aus Gefahr,
nt, 1933 – 1945   S   430.–

42   Reichsfeuerwehrehrungszeichen 1. Klasse,
1. Modell, 1. Form, Steckkreuz emailliert,
1936 – 1938   Br vs   4000.–

43   wie vor, 2. Form, kleinere Ausführung   Br vs   2500.–

44   wie vor, 1. Stufe am Band, emailliert,   Br vg   650.–
            1938 – 1945   Tb vg   650.–

45   wie vor, 2. Stufe, 1936 – 1938   Br vs   205.–
                                                           KM vs   130.–

46   wie vor, 2. Stufe, 1938 – 1945   Br vs   270.–

47   Reichsgrubenwehr-Ehrenzeichen,
            Steckabzeichen, 1936 – 1938   S   600.–

| 48 | Grubenwehr-Ehrenzeichen,
1938 – 1945 | Br vs | 320.– |
| | | KM vs | 275.– |

49	Luftschutz-Ehrenzeichen, 1. Stufe, 1938 – 1945	Br vg	940.–
		KM vg	800.–
		LM vg	1200.–

50	Luftschutz-Ehrenzeichen, 2. Stufe,	Alu vs	95.–
	an der Damenschleife	KM	80.–

Mutterkreuz

51	Ehrenkreuz der Deutschen Mutter, 1. Stufe, 1. Form, 1938 – 1939,		
	Das/Kind adelt/die Mutter, in Gold	Br vg	4100.–
52	wie vor, 2. Stufe, 1. Form, in Silber	Br vs	3930.–
53	wie vor, 3. Stufe, 1. Form, in Bronze	Br	3300.–
53/1	wie vor, 3. Stufe in Bronze, Arierblut höchstes Gut	Br	★

54   Ehrenkreuz der Deutschen Mutter, 1. Stufe,
2. Form, 1939 – 1945, 16./Dezember/1938
in Gold   Br vg   45.–
                                             Me vg   45.–

55   wie vor, 2. Stufe, 2. Form, in Silber   Br vs   35.–
                                             WM vs   30.–

56   wie vor, 3. Stufe, 2. Form, in Bronze   Br   35.–
                                             Ku br   25.–

Broschen in verkleinerter Ausführung sind
nicht offiziell, ebenso Clip-Ausführungen

Anschlussmedaillen

Österreich

56/1   Medaille zur Erinnerung an den
13. März 1938, 1. Modell, nicht verliehen   KM vs   3100.–

57   Medaille zur Erinnerung an den 13. März 1938,
1938 – 1940   Br vs   60.–
                                                       KM ox   45.–

Sudetenland

| 58 | Medaille zur Erinnerung an den 1. Oktober 1938, 1938 – 1941 | Br | 45.– |

| 59 | wie vor, mit Spange Prager Burg, 1939 – 1941 | Br ox | 95.– |

Memelland

60   Medaille zur Erinnerung an die Heimkehr des
               Memellandes, 1939 – 1940   Br   180.–
                                                           KM br   150.–

Schutzwall

60/1   Schutzwall-Ehrenzeichen, Sonderstufe für
               Konstantin Hierl, RS mit Autograph   Br pt   2400.–

61   Deutsches Schutzwall-Ehrenzeichen, 1939,
1941, 1944 – 1945   Br ox   30.–
     KM br   20.–

62   Wiederholungsspange zum
Deutschen Schutzwall-Ehrenzeichen, 1944,
Verleihungen nicht nachweisbar   ★

Dienstauszeichnungen

63   Treudienst-Ehrenzeichen,
Sonderstufe für Arbeitsjubiliare
mit der Zahl 50, 1938 – 1944   Br vs/vg   260.–

64   wie vor, 1. Stufe für Personen im
öffentlichen Dienst für 40 Jahre, 1938 – 1944   Br vg   55.–

65   Treudienst-Ehrenzeichen, 1. Stufe mit der
Zahl 50, 1938, mit Eichenlaub für
50 Dienstjahre, 1944   Br vs/vg   1.000.–

66   wie vor, 2. Stufe für 25 Jahre   Br vs   60.–
                                                        WM vs   50.–

Polizei

67   Polizei-DA 1. Stufe mit Eichenlaub und
        der Zahl 40, Verleihungen nicht nachweisbar   vg   750.–

68   wie vor, 1. Stufe für 25 Jahre treue
        Dienstleistungen, 1938 – 1944   Br vg   185.–
                                                            KM vg   155.–

69   wie vor, 2. Stufe für 18 Jahre   BM vs   165.–
                                                            KM vs   120.–

70   wie vor, 3. Stufe für 8 Jahre   Br vs   90.–
                                                          WM vs   60.–

Zoll

71   Zollgrenzschutz-Ehrenzeichen, 1939 – 1944   Br   255.–
                                                          KM br ox   210.–

Reichsarbeitsdienst – männliche Jugend

72	DA 1. Stufe für 25 Jahre treue Dienstleistung, 1938 – 1943	LM vg	500.–
		Cp vg	500.–
		Br vg	390.–
		KM vg	340.–
73	DA 2. Stufe für 18 Jahre treue Dienstleistung	Cp vs	300.–
		Br vs	300.–
		WM vs	230.–
74	DA 3. Stufe für 12 Jahre treue Dienstleistung	Cp vs	190.–
		Br vs	190.–
		Alu vs	150.–
		KM	90.–

75	DA 4. Stufe für 4 Jahre treue Dienstleistung	Cp br	120.–
		Br ox	120.–
		KM br	90.–
		Alu br	140.–

Reichsarbeitsdienst – weibliche Jugend

76	DA 1. Stufe für 25 Jahre treue Dienstleistung, Medaille, 1938 – 1943	Cp vg	630.–
		Br vg	585.–
		KM vg	300.–

77	DA 2. Stufe für 18 Jahre treue Dienstleistung	Cp vs	465.–
		Br vs	350.–
		KM vs	230.–
		Alu vs	1250,–

78	DA 3. Stufe für 12 Jahre treue Dienstleistung	Cp vs	210.–
		Br vs	210.–
		KM vs	140.–
79	DA 4. Stufe für 4 Jahre treue Dienstleistung	LM br	180.–
		Br ox	180.–
		KM br	150.–

Dienstnadeln

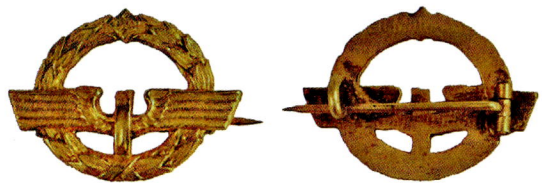

80	Dienstnadel für Eisenbahnerinnen, Goldstufe, für 10 Dienstjahre, 1944	WM vg	1000.–
81	wie vor, Silberstufe für 6 Dienstjahre	WM vs	565.–
82	wie vor, Bronzestufe für 3 Dienstjahre	WM br	265.–
83	Treudienstnadel für Arbeiter und Angestellte von Heer und Kriegsmarine		125.–
84	Silberspange für SS-Helferinnen, Leistungsabzeichen	S	3150.–

Ehrenzeichen des Deutschen Roten Kreuzes
Ausgabe 1922 – 1934

85	Ehrenzeichen 1. Klasse, Kreuz, emailliert, Halsdekoration, 1924 – 1934	Br vg	470.–
85/1	wie vor, mit goldenem Kranz um das Medaillon	Br vg	350.–
86	Ehrenzeichen 2. Klasse, Banddekoration	Br vg	110.–

87	wie vor, an der Damenschleife	Br vg	210.–

Ausgabe 1934 – 1937

88   Kreuz 1. Klasse an der Schärpe   Br vg   ★

89   Bruststern, vier Strahlen   S/Sv   3900.–
    S/Br vg   3650.–

90   Kreuz 1. Klasse, Halsdekoration   Br vg   900.–

91	Verdienstkreuz, Steckkreuz, gewölbt	Br vg	485.–

92	Ehrenzeichen am Band	Br vg	185.–
93	Damenkreuz des Ehrenzeichens	Br vg	250.–
94	Verdienstabzeichen für 10-jähriges Dienstjubiläum	Br vs	150.–

Ausgabe 1937 – 1939

95	Großkreuz, keine Verleihungen erfolgt	Br vg	★

96   Bruststern, vier Strahlen   S/Sv   8000.–

97   Kreuz 1. Klasse, Halsdekoration   Br vg   1800.–

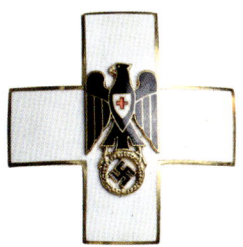

98	Verdienstkreuz, Steckkreuz	Br vg	850.–
99	Kreuz 2. Klasse, am Band	Br vg	310.–
100	Frauenkreuz	Br vg	390.–
101	wie vor, mit Brillanten		★

| **102** | Medaille des Deutschen Roten Kreuzes | Br vs/vg | 180.– |
| | | WM vs/vg | 140.– |

Ehrenzeichen für Deutsche Volkspflege

| **103** | 1. Stufe, mit Brillanten, Halsdekoration | G 50.000.– |

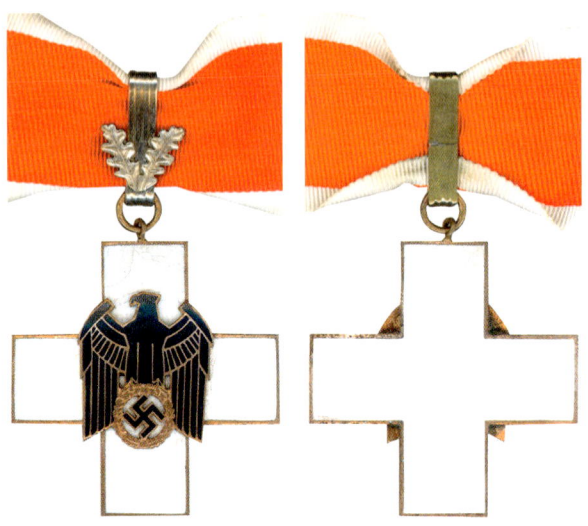

104   1. Stufe, Halsdekoration, 1939 – 1944   Br vg   2150.–

105   2. Stufe, Steckkreuz, 1939 – 1944   Br vg   700.–

106	3. Stufe, am Band, 1939 – 1944	Br vg	280.–

107	wie vor, mit Schwertern auf dem Band, 1942 – 1944	Br vg	360.–
108	Medaille, altsilbern patiniert, 1939 – 1944	Br vs KM	60.– 55.–

109   Medaille, altsilbern patiniert, mit Schwertern
                 auf dem Band, 1942 – 1944   Br/vs   205.–
                                                                               KM/vs   130.–

DRK-Schwesternkreuze

110   Schwesternkreuz für die Generaloberin   1800.–

111   wie vor, für Oberinnen, an der goldenen Kette   Br vg   660.–

112   wie vor, für Schwestern nach 25 Dienstjahren,
an der silbernen Kette   WM vs   280.–

113   wie vor, für Schwestern nach 10 Dienstjahren WM vs   140.–

Deutsches Olympia-Ehrenzeichen

114   Deutsches Olympia-Ehrenzeichen 1. Klasse,
1936, Halsdekoration   Br vg   2875.–

115   Deutsches Olympia-Ehrenzeichen
2. Klasse, am Band   Br vg   845.–

116	wie vor, Erinnerungsmedaille, 1936 – 1937	Br vs	135.–
		Ku vs	135.–
		E vs	110.–
		WM vs	110.–
		Alu vs	170.–

Sportehrenzeichen

117	Olympia-Siegernadel des Deutschen Reichsbundes für Leibesübungen, Goldstufe	Sv	3200.–
118	wie vor, Silberstufe	KM vs	2500.–
119	wie vor, Bronzestufe		1900.–

Deutsches Turn- und Sportabzeichen bis 1934

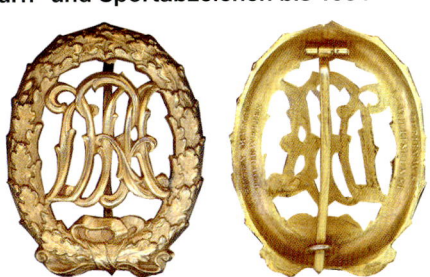

| **120** | Reichssportabzeichen, in Gold | Br vg | 85.– |

| **121** | Reichssportabzeichen, Bronze | Br | 30.– |

| **122** | Reichssportabzeichen, in Silber, 1920 – 1934 | Br vs | 70.– |
| | | WM vs | 60.– |

Reichssportabzeichen

DRL – mit Hakenkreuz

123	Reichssportabzeichen in Gold, 1935 – 1944	Br vg	75.–
		KM vg	60.–
		Me vg	95.–
124	wie vor, in Silber	WM vs	60.–

125	wie vor, in Bronze	Br	40.–
		E br	40.–
		WM	40.–
126	Versehrten-Sportabzeichen, 1942 – 1945	Br vg/vs	150.–
		KM vg/vs	110.–
127	Reichsjugendsportabzeichen für Jungen, ohne Hakenkreuz, Nadel	Br vs	50.–
128	wie vor, für Mädchen, Brosche	Br vs	70.–
129	Reichsjugendsportabzeichen für Jungen, mit Hakenkreuz, Nadel	Me vs	60.–
130	wie vor, für Mädchen, Brosche	Me vs	70.–
131	Schwerathleten-Abzeichen in Gold	Br vg	1500.–
132	wie vor, in Silber	Br vg	740.–

133	wie vor, in Bronze	Br	600.–
		E br	415.–

Meisterschafts- und Leistungsabzeichen DRL/NSRL

1937 und 1938 = DRL

1939 bis 1944 = NSRL

134	**Meisterschaftsabzeichen, 1937, in Gold**	Sv	250.–
135	wie vor, 1938	Sv	230.–
136	wie vor, 1939	Sv	230.–
137	wie vor, 1940	Sv	245.–
138	wie vor, 1941	Sv	220.–
139	wie vor, 1942	Sv	190.–
140	wie vor, 1943	Sv	180.–

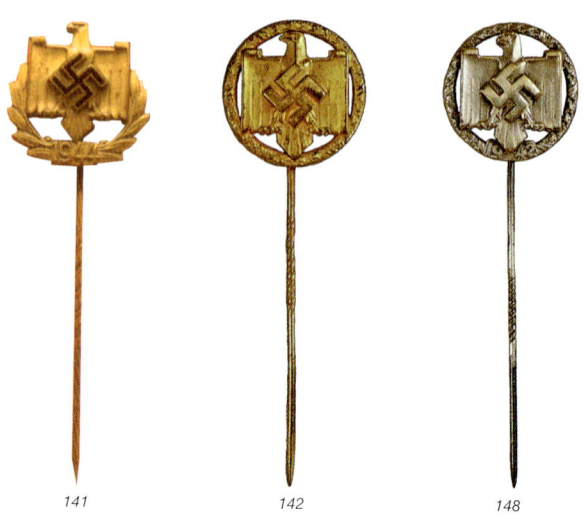

141   142   148

141	wie vor, 1944		Sv	180.–
142	ohne Jahreszahl, 1937 – 1944		Sv	275.–
143	**Leistungsabzeichen, 1937, in Silber**		WM vs	150.–
144	wie vor, 1938		WM vs	145.–
145	wie vor, 1939		WM vs	145.–
146	wie vor, 1940		WM vs	145.–
147	wie vor, 1941		WM vs	145.–
148	wie vor, 1942		WM vs	180.–

149	wie vor, 1943		WM vs	150.–
150	wie vor, 1944		WM vs	160.–
151	ohne Jahreszahl, 1937 – 1944		WM vs	200.–
152	**Leistungsabzeichen, 1937, in Bronze**		Br	115.–
153	wie vor, 1938		Br	115.–
154	wie vor, 1939		Br	115.–

155	wie vor, 1940	Br	115.–
156	wie vor, 1941	Br	115.–
157	wie vor, 1942	Br	115.–
158	wie vor, 1943	Br	115.–

| **159** | wie vor, 1944 | Br | 125.– |
| **160** | ohne Jahreszahl, 1937 – 1944 | Br | 150.– |

Reiterei

| **161** | Deutsches Reiterabzeichen 1. Klasse in Gold, 1930 – 1945 | Br vg | 265.– |
| | | Sv | 285.– |

162	wie vor, 2. Klasse in Silber	S	160.–
		Br vs	120.–
		WM vs	90.–

 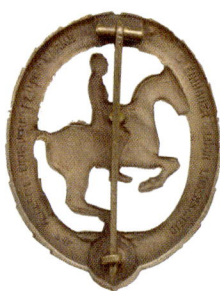

163	wie vor, 3. Klasse in Bronze	Br	65.–
		KM br	70.–

164	Deutsches Jugend-Reiterabzeichen, 1932 – 1945	Br	155.–
		KM br	120.–

165   Deutsches Fahrerabzeichen 1. Klasse in Gold,
1930 – 1945   Sv   310.–
                Br vg   260.–

166   wie vor, 2. Klasse in Silber   Br vs   200.–
                                       S   190.–
                                 KM vs   210.–

167   wie vor, 3. Klasse in Bronze   Br   115.–
                                 KM br   95.–

168	Deutsches Pferdepflegerabzeichen 1. Klasse		
	in Gold, 1933	S vg	500.–
		Br vg	360.–
169	wie vor, 2. Klasse in Silber	S	320.–
		Br vs	280.–
170	wie vor, 3. Klasse in Bronze	Br	235.–
171	Deutsches Reiterführer-Abzeichen,		
	1937 – 1945	Ku vs	3500.–
		WM vs	2500.–
		LM vs	3500.–

Motorsport

172	Deutsches Motorsportabzeichen,		
	1. Stufe in Gold, 1938 – 1941	BM vs	4500.–
		Sv	3180.–
		vg	2510.–

173	wie vor, 2. Stufe in Silber	S	3000.–
174	wie vor, 3. Stufe in Eisen	Br	1910.–

SA und SS

175	SA-Sportabzeichen in Gold, 1. Typ, 1933 – 1934, EIGENTUM D. CHEFS D./ AUSBILDUNGSWESENS	Br vg	240.–
176	wie vor, in Silber	Me Br vs WM vs	150.– 130.–
177	wie vor, in Bronze	Me Br WM br	100.– 80.–
178	SA-Sportabzeichen in Gold, 2. Typ, 1935 – 1939, EIGENTUM D.S.A. SPORTABZEICHEN / HAUPTSTELLE	Br vg	295.–
179	wie vor, in Silber	Br vs	180.–
180	wie vor, in Bronze	Br	100.–

| 181 | SA-Wehrabzeichen in Gold, 3. Typ, 1939 – 1944,
EIGENTUM DER OBERSTEN / S.A. FÜHRUNG | Br vg | 130.– |

182	wie vor, in Silber	Br vs	80.–
183	wie vor, in Bronze	E br	65.–
184	SA-Wehrabzeichen in Gold, 4. Typ, RZM-Marke, M1 / und Herstellernummer	Br vg	180.–
185	wie vor, in Silber	Br vs	100.–
186	wie vor, in Bronze	Br	45.–

187	SA-Wehrabzeichen für Kriegsversehrte, 1943 – 1945	Br	430.–
		KM br	350.–
188	SA-Sportabzeichen (Seesport) in Gold, 1934 – 1935	Br vg	★
189	wie vor, in Silber	Br vs	★
190	wie vor, in Bronze	Br gt	★

Germanische Leistungsrune

| **191** | Germanische Leistungsrune in Silber, 1943 – 1944 | Br vs | 4560.– |

| **192** | wie vor, in Bronze | KM br | 3050.– |

HJ, Jungvolk, BDM und Jungmädel

HJ-Leistungsabzeichen

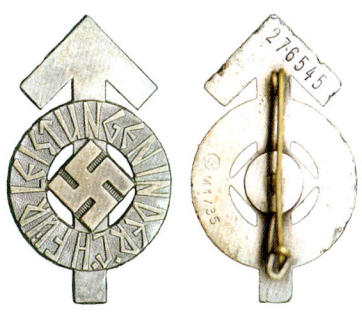

193	3. Stufe in Silber, für 18-jährige und älter, 1934 – 1944	LM pt	75.–
		Cp vs	65.–
		Me Br vs	90.–
		KM vs	55.–

193/1	mit B als offizielles Ersatzstück	KM vs	40.–
194	Leistungsabzeichen 2. Stufe in Bronze für 17-jährige	LM gs	70.–
		KM br	50.–
195	Leistungsabzeichen 1. Stufe in Eisen für 16-jährige, patiniert	Me Br	100.–
		KM	60.–
		LM gs	75.–
196	Leistungsabzeichen 1. Stufe, Eisenblech Hohlprägung	E	80.–

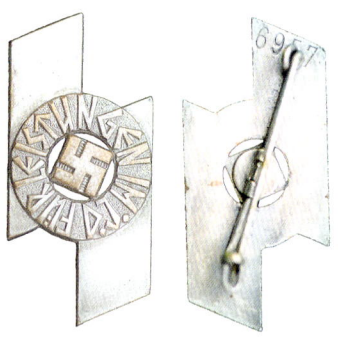

197	Leistungsabzeichen des Deutschen Jungvolkes in Silber, 1935 – 1944	Br pt	75.–
		KM pt	50.–
		Cp vs	70.–
198	wie vor, patinierte Ausführung, nur 1935 verliehen	LM gs	175.–

199	BDM-Leistungsabzeichen in Silber, 1934 – 1945	Br vs	270.–
		WM vs	270.–
199/1	mit B als offizielles Ersatzstück	Br vs	175.–
200	wie vor, in Bronze	Br	175.–
		Me Br	175.–

| 201 | Jungmädel-Leistungsabzeichen | WM vs | 300.– |
| 202 | wie vor, in Bronze | Br | 360.– |

Sportabzeichen

203	Führersportabzeichen der HJ, emailliert, mit Nummer, 1938 – 1944	Br vg	385.–
203/1	mit B als offizielles Ersatzstück	Br vg	250.–
204	Siegernadel der Reichsjugendführung in Gold, 1939	Me vg	1750.–
205	wie vor, in Silber	Ar vs	1400.–
206	wie vor, in Bronze	Br	900.–
207	Siegernadel der Reichsjugendführung in Gold, 1940	Br vg	1600.–
208	wie vor, in Silber	Br vs	1400.–
209	wie vor, in Bronze	Br	900.–
210	Siegernadel der Reichsjugendführung in Gold, 1941	Br vg	1300.–
211	wie vor, in Silber	Br vs	1200.–
212	wie vor, in Bronze	Br	900.–

HJ-Meisterschaftsabzeichen

213	Goldene Ehrennadel des Deutschen Jugendmeisters, VS JUGENDMEISTER 1942	E vg	3000.–
213/1	wie vor, silberne Ehrennadel	E vs	1400.–
213/2	wie vor, bronzene Ehrennadel	E br	1200.–

214	Goldene Ehrennadel des Deutschen Jugendmeisters, VS DEUTSCHER JUGENDMEISTER 1943	E vg	3000.–
214/1	wie vor, silberne Ehrennadel	E vs	1400.–
214/2	wie vor, bronzene Ehrennadel	E br	1200.–

215	Goldene Ehrennadel des Deutschen Jugendmeisters, VS REICHSSIEGER 1942	E vg	3000.–
215/1	wie vor, silberne Ehrennadel	E vs	1400.–
215/2	wie vor, bronzene Ehrennadel	E br	1100.–
216	Goldene Ehrennadel des Deutschen Jugendmeisters, VS REICHSSIEGER 1943	E vg	3000.–

216/1 wie vor, silberne Ehrennadel E vs 1200.–

216/2 wie vor, bronzene Ehrennadel E br 1050.–

216/3 Goldene Ehrennadel des Deutschen
Jugendmeisters, VS KAMPFSPIELE 1942 E vg 2000.–

216/4 wie vor, silberne Ehrennadel E vs 900.–

216/5 wie vor, bronzene Ehrennadel E br 750.–

217 Goldene Ehrennadel des Deutschen
Jugendmeisters, VS KAMPFSPIELE 1943 E vg 2000.–

217/1	wie vor, silberne Ehrennadel	E vs	1250.–
217/2	wie vor, bronzene Ehrennadel	E br	1000.–

Siegernadeln der Reichsjugendführung

218	Siegernadel der Reichsjugendführung in Gold 1939	BM vg	1800.–

218/1	wie vor, silberne Siegernadel	BM vs	1500.–
218/2	wie vor, bronzene Siegernadel	BM br	1000.–

218/3	Siegernadel der Reichsjugendführung in Gold 1940	BM vg	1500.–
218/4	wie vor, silberne Siegernadel	BM vs	1300.–
218/5	wie vor, bronzene Siegernadel	BM br	1000.–

| **218/6** | Siegernadel der Reichsjugendführung in Gold 1941 | BM vg | 1000.– |

| **218/7** | wie vor, silberne Siegernadel | BM vs | 900.– |

218/8	wie vor, bronzene Siegernadel	BM br	710.–
218/9	Siegernadel der Reichsjugendführung in Gold 1942	BM vg	1000.–
218/10	wie vor, silberne Siegernadel	BM vs	900.–
218/11	wie vor, bronzene Siegernadel	BM br	780.–

Schießauszeichnungen

219   HJ-Schießauszeichnung, 1936 – 1945   WM vs   60.–
                                               BM vs   145.–

220   Schießauszeichnung für Scharfschützen,
           1938 – 1945   Br vs   140.–
                                               KM gs   80.–

221   Schießauszeichnung des Deutschen
           Jungvolkes, 1939 – 1945   BM vs   100.–
                                               WM vs   80.–

222   HJ-Schießauszeichnung für Meisterschützen,
           1941 – 1945   Br vg   575.–
                                               KM vg   475.–

Führerabzeichen

223   HJ-Skiführerabzeichen   WM vs   3370.–

Tätigkeitsabzeichen der Polizei

224   Gendarmerie-Hochalpinistenabzeichen, emailliert Br   3180.–

225   Gendarmerie-Alpinistenabzeichen, emailliert   3450.–

226   Polizei-Skiführerabzeichen   S   3150.–

227   Polizei-Bergführerabzeichen, emailliert   Br vs   3500.–

228   Bergwacht Hilfspolizeiabzeichen, emailliert   vs   1900.–

Deutscher Luftsport-Verband DLV und Nationalsozialistisches Fliegerkorps NSFK

Freiballonführer

229	Abzeichen für Freiballonführer, in Gold, 1929 – 1931, DLV, gestickt		700.–
230	wie vor, in Silber		600.–
231	Abzeichen für Freiballonführer, in Gold, 1932 –1933, DLV	WM vg	2150.–
232	wie vor, in Silber	WM vs	1400.–
233	wie vor, in Bronze	WM br	1300.–

234	Abzeichen für Freiballonführer, 1933 – 1938, DLV, VS mit Schwinge und Hakenkreuz, gestickt		1250.–

235	Abzeichen für Freiballonführer, 1938 – 1945, NSFK, VS geflügelter Mensch	KM vs	1800.–
236	Jungflieger-Sportabzeichen		*

Motorflieger

237 Abzeichen für Motorflugzeugführer, 1938 – 1939,
NSFK, gestickt   1300.–

238 Abzeichen für Motorflugzeugführer ab 1939,
VS Propellerflugzeug   E vs   1350.–
KM vs   1700.–
Ar pt   2300.–

239 Abzeichen für Motorflugzeugführer,
VS geflügelter Mensch sowie Adler, ab 1943   KM pt   2300.–
KM gs   1400.–

Segelflieger

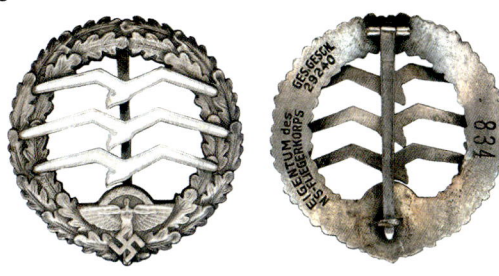

240	Großes NSFK-Segelfliegerabzeichen, 1942 – 1945, emailliert	E vs WM vs	1470.– 900.–
241	Gleitflieger-Abzeichen, A-Stufe	vs	55.–
242	Segelflieger-Abzeichen, B-Stufe	vs	95.–
243	wie vor, C-Stufe		110.–
244	wie vor, Silber C-Stufe		190.–
245	wie vor, Gold C-Stufe		350.–
246	wie vor, Gold C-Stufe mit Brillanten		★

Modellflug

247	NSFK Modellflug-Leistungsabzeichen in Gold, A-Stufe, 1. Modell, hochoval	Br vg	1100.–
248	NSFK Modellflug-Leistungsabzeichen in Silber, B-Stufe	S	750.–
249	NSFK Modellflug-Leistungsabzeichen in Bronze, C-Stufe	Br	575.–
250	NSFK Modellflug-Leistungsabzeichen in Gold, 2. Modell, rund	Br vg	1300.–
251	NSFK Modellflug-Leistungsabzeichen, in Bronze	Br	700.–

DLV

252	Bordfunkerabzeichen	Br vs	830.–
253	Abzeichen für Flugzeugführer	Alu	660.–

SA

254	Bordfunker (Orter)-Abzeichen		660.–
255	Flugzeugführerabzeichen		550.–
256	Fliegerabzeichen		660.–
257	SA-SS-Fliegerabzeichen		1600.–

Zivilflug

258	Spange für Zivilbeobachter	Br vs	1100.–

259	Spange für Zivilflieger, emailliert	Tb vg	1525.–
		Br vg	1525.–
260	Treueabzeichen der Luftfahrtindustrie	Br vg	1400.–
		Br	280.–

Deutsche Akademie für Luftfahrtforschung

261	Amtskette der Präsidialmitglieder		38 000.–
262	Abzeichen für ordentliche Mitglieder	G	5850.–
		Br vg	2000.–
263	wie vor, kleine Dekoration, Nadel	Br vg	1500.–
		Sv	1200.–
264	Abzeichen für Ehrenmitglieder	G	3625.–
265	wie vor, kleine Dekoration, Nadel	Sv	1850.–

265/1	Abzeichen für fördernde Mitglieder	Sv	8250.–

265/2	wie vor, kleine Dekoration an der Nadel	Sv	1600.–
266	Abzeichen für korrespondierende Mitglieder	Br	4100.–
267	wie vor, kleine Dekoration, Nadel		1500.–

Auszeichnungen der NSDAP

268	Ehrenzeichen vom 9. November 1923, Typ A mit Signatur 990/J.FUESS MÜNCHEN, 1934 – 1935	S	5150.–
269	wie vor, ohne Matrikelnummer	S	18 000.–

270	Ehrenzeichen vom 9. November 1923, Typ B 800 ohne Signatur, 1938 – 1945	S	4425.–
271	NSDAP-Verdienstabzeichen, schwarzer Stoff mit gestickter Jahreszahl, 60 x 100 mm, gestiftet 1931		

1923	125.–
1925	100.–
1926	70.–
1927	70.–
1928	70.–
1929	70.–
1930	50.–
1931	50.–
1932	50.–
1933	40.–

Goldenes Ehrenzeichen der NSDAP – 30 mm

272	Goldenes Ehrenzeichen auf dem Runenstern, keine Verleihungen	Br vs/vg	★
273	Silbernes Ehrenzeichen der NSDAP, große Form, keine Verleihungen	Tb Br vs	★

274   Goldenes Ehrenzeichen der NSDAP, verbödet,
               Broschierung senkrecht, oberes Drittel:
               GES.GESCH., 1933 – 1945   Tb Br vg   1445.–

275   wie vor, Broschierung waagerecht,
               Mitgliedsnummer unten   Tb Br vg   855.–

276   wie vor, Broschierung waagerecht, darauf
               DESCHLER & SOHN/MÜNCHEN 9   Tb Br vg   1350.–

277   wie vor, verbödet, Broschierung senkrecht,
               oberes Drittel GES.GESCH. Gravur A. H.
               und Datum, auch mit Namensgravur Tb Br vg   3325.–

278   wie vor, Datum im oberen Drittel mit
               Faksimile Adolf Hitler   Tb Br vg   4100.–

Goldenes Ehrenzeichen der NSDAP – 24 mm

279   Silbernes Ehrenzeichen der NSDAP,
               kleine Form, keine Verleihungen Tb Br vs   ★

280   Broschierung waagerecht,
               JOS.FUESS/MÜNCHEN   Tb Br vg   530.–

281	wie vor, verbödet, Broschierung senkrecht, ohne Firmenbezeichnung	Tb Br vg	460.–
282	wie vor, verbödet, Broschierung waagerecht, untere Hälfte A. H. und Datum	Tb Br vg	3250.–
283	wie vor, mit Firmenbezeichnung DESCHLER/MÜNCHEN 9	Tb Br vg	1300.–
284	wie vor, mit Faksimile Adolf Hitler	Tb Br vg	3650.–
285	Parteiabzeichen in Gold für Ausländer	S/G	2500.–

Erinnerungsabzeichen

286	Frontbannabzeichen, 1932, patiniert	Br	700.–
		vs	460.–
287	entfällt		

288	Coburger Abzeichen, Steckabzeichen, 1932	Br ox	4000.–

| **288/1** | wie vor, RS ohne RZM-Zeichen | Br ox | ★ |
| **289** | wie vor, Hakenkreuz emailliert | S em | ★ |

Parteitag Nürnberg

290	Nürnberger Parteitagsabzeichen 1929, hohl geprägte Ausführung	Br ox	200.–
		KM br	170.–
		KM vs	130.–
		Me vs	200.–

290/1   Geschenkausführung mit Widmung Hitlers,

	Signatur HOFTSTÄTTER/BONN, nt	Br vg	2600.–
290/2	Ehrenkapelle in Silber, 800	S	650.–
291	wie vor, massive Ausführung, ab 1934	KM br	130.–
292	wie vor, vergoldete Ausführung	Me	190.–
293	wie vor, versilberte oder brünierte Ausführung	KM vs	130.–
294	wie vor, massive Ausführung, feldgrau	KM pt	150.–
295	wie vor, 80 x 35,0 mm, nt	Br vs	400.–
		S vg	695.–
295/1	Reichsparteitag – Abzeichen Nürnberg 1933, hohl geprägte Asuführung	BM	85.–
295/2	wie vor, massiv geprägte, Ausführung mit Firmenbezeichnung, C. BALMBERGER/NÜRNBERG	BM	90.–
295/3	wie vor, ohne Firmenbezeichnung		75.–

SA-Treffen Braunschweig 1931

296	ovaler Schild, hohl geprägte Ausführung, 1934 – 1945	S pt	420.–
		Br vs	130.–

297	wie vor, massive Ausführung	KM	200.–
		Alu	160.–

298	wie vor, rundes Abzeichen, hohl geprägt, RS querliegende Broschierung	E vs	290.–
		E vn	325.–
		Alu	250.–

Gau-Abzeichen

| **299** | Gau-Abzeichen für die Mitgliedschaft in der NSDAP seit 1923, 1933, Gaue: Sachsen, Bayerische Ostmark, Franken, Halle-Merseburg, Hessen-Nassau, Magdeburg-Anhalt, Mecklenburg und Lübeck | S em | 1550.– |
| | | S lack | 1200.– |

300	Gau-Abzeichen für die Mitgliedschaft in der NSDAP seit 1925, 1939	S em	1440.–
		S lack	870.–
301	Goldenes Ehrenzeichen Gau Mecklenburg, 1943	Sv em	★

Berlin

| 302 | Gau-Traditionsabzeichen, 1936 – 1945, in Gold | WM vg | 6350.– |
| 303 | wie vor, in Silber | WM vs | 4400.– |

Essen

| 304 | Gau-Traditionsabzeichen, 1935 – 1945, in Gold | G ★ BM vg | 2500.– |
| 305 | wie vor, in Silber | S | 1900.– |

Ostpreußen

| 306 | Gau-Ehrenzeichen, 1938 – 1945, patiniert | Cp | 3250.– |

Danzig-Westpreußen

307	Traditions-Gau-Abzeichen, zwei Ausführungen	S pt	4700.–
		Ku Br vs	3900.–
		LM vs	3000.–
		WM vs	1700.–

Baden

308	Gau-Ehrenzeichen, in Gold, oval, 1933–1945	BM vg	3180.–
309	wie vor, in Silber, auch mit Parteimitgliedsnummer	BM vs	850.–
310	wie vor, als Brosche für Frauen, in Gold	BM vg	1300.–
311	wie vor, in Silber	BM vs	900.–

Thüringen

312	Traditions-Gauabzeichen in Silber, 1933 – 1945	S	1875.–
313	wie vor, ohne Matrikelnummer	S	1450.–

Osthannover

313/1	Traditionsabzeichen in Gold, massiv, 1933 – 1945	Bm vg	2850.–

314	Traditionsabzeichen in Gold, hohl geprägt, 1933 – 1945, ursprünglich Tagungsabzeichen	BM vg	2000.–
315	wie vor, in Silber, patiniert	BM vs	1750.–

316	wie vor, in Bronze, altgetönt	BM pt	1500.–

Wartheland

317	Ehrenzeichen für Verdienste im Volkstumskampf,		
	1944 – 1945	S/Sv	5300.–
318	wie vor, verkleinerte Ausführung, 22,5 mm	S/Sv	1100.–
		BM vg	825.–
		WM vg	750.–

319	wie vor, mit Brillanten und Saphiren	Pl/G 40 000.–

Sudetenland

320 Gau-Ehrenzeichen, 1943 – 1945, patiniert BM vs/vg 3850.–

Dienstauszeichnungen der NSDAP

321 DA in Bronze, 1. Stufe, 1939 – 1942, 1944,   Br   185.–
gewölbte oder flache Form   KM br 140.–
                                           Alu br 210.–

322 wie vor, in Silber, 2. Stufe, emailliert   Br vs   415.–
                                            WM vs 330.–

323   wie vor, in Gold, 3 Stufe, emailliert, ab 1942   Br vg   4600.–

Hitlerjugend

324   HJ-Ehrenzeichen, glatter goldener Rand,
emailliert, 1934 – 1939, 1940 – 1943   Br vg   305.–

325   wie vor, ohne Matrikelnummer, mit B,
offizielles Ersatzstück   Br vg   140.–

326   Goldenes Ehrenzeichen der HJ, 1933 – 1941   G   8750.–

327   wie vor, Sonderstufe mit Brillanten und Rubinen,
ab 1942   20 000.–

328　　wie vor, mit goldenem Eichenlaubrand,
　　　　emailliert, 1934 – 1941　　　　　　　　　G　11 000.–
　　　　　　　　　　　　　　　　　　　　　　Sv　　★

329　　Ehrenzeichen der Reichsjugendführung
　　　　der HJ für verdiente Ausländer, emailliert　　Br vg/vs　1300.–

Ehrenzeichen

330 Potsdam-Abzeichen, 1932 – 1945	BM vs	140.–
	WM vs	140.–
	Alu vs	140.–
331 wie vor, halbhohle Prägung	BM vs	125.–
332 Traditionsabzeichen SCHARNHORST		★

333	Ehrenzeichen des Jungsturmes Adolf Hitler, 1933	S	5100.–
334	Silbernes Ehrenzeichen des NS-Studenten-bundes, 1934, emailliert	WM vs	775.–

Reichssieger/Berufswettkampf

334/1	Siegerabzeichen 1. Modell 1936, emailliert	S	2800.–
		Br vs	2.100.–

335	Siegerabzeichen 1937, emailliert	Br vs	1880.–

336	Siegerabzeichen für 1938, emailliert	Br vg	1470.–

337 wie vor, 1939, emailliert Br vg 1800.–

338 wie vor, 1944, lackiert KM 2050.–

Gausieger/Berufswettkampf

339 Siegerabzeichen für 1938, emailliert BM vs 350.–
WM vs 310.–

| **340** | wie vor, 1939, emailliert | BM vs | 330.– |
| | | WM vs | 300.– |

| **341** | wie vor, 1944, lackiert | KM | 315.– |

Kreissieger/Berufswettkampf

| **342** | Siegerabzeichen für 1938, emailliert | BM | 200.– |

343	wie vor, 1939, emailliert		BM	220.–
			Ku	210.–
344	entfällt			

Reichskultursenat

345	Ehrenplakette für Mitglieder des Reichs-kultursenats, 1936, emailliert	Sv/vg	5250.–
346	wie vor, verkleinerte Ausführung an der Nadel	Sv	350.–

346/1	Ehrenzeichen der Akademie des Deutschen Rechts	Sv 16 000.–

Wirtschaft

347	DR. ING. FRITZ TODT-PREIS in Gold, 1943 – 1945	WM vg	★

348	wie vor in Silber	LM vs WM vs	3000.– 3300.–
349	wie vor in Stahl	WM pt	1800.–
350	DR. FRITZ TODT-PREIS, in Gold, 1943 – 1945	WM vg LM vg	3350.– 3350.–

351   wie vor in Silber   WM vs   2300.–
                                                       KM vs   1100.–

352   wie vor in Stahl   WM pt   580.–

353   Pionier der Arbeit, 1940 – 1944, emailliert   S vg 17 500.–

354	Wehrwirtschaftsführer, 1939 – 1944	Br vg	745.–
		Alu vg	1155.–
355	Ehrenzeichen des Reichsnährstandes in Gold	Alu vg	470.–
356	wie vor, in Silber	Alu vg	300.–
357	wie vor, in Bronze	Alu br	200.–

Technische Nothilfe

358	Goldenes Nothelferzeichen, Nadel, 1928	S vg	90.–
		BM vg	80.–
359	Goldene Nothelfernadel mit Kranz	BM vg	140.–
360	Ehrenzeichen der Technischen Nothilfe, 1935 – 1936, emailliert, mit der Jahreszahl 1919	BM em	690.–
361	wie vor, 1920	BM em	505.–
362	wie vor, 1921	BM em	460.–

| 363 | wie vor, 1922 | BM em | 420.– |

364	wie vor, 1923	BM em	420.–
365	TeNo Jahresärmelband, 150 x 25 mm Goldfaden gewebt, schwarze Unterlage, 1936 – 1944 mit der Jahreszahl 1919		160.–
366	wie vor, 1920		160.–
367	wie vor, 1921		160.–
368	wie vor, 1922		160.–
369	wie vor, 1923		170.–
370	wie vor, 1924		150.–
371	wie vor, 1925		150.–

Militärische Ehrenzeichen

Ehrenkreuz des Weltkrieges 1914 – 1918

372   Ehrenzeichen für Frontkämpfer, brüniert,
mit Schwertern, 1934 – 1945   E   20.–
                                               Br   85.–

373   wie vor, für Kriegsteilnehmer, brüniert,
ohne Schwerter   E   20.–
                                               Br   90.–
                                               Me   55.–

374   wie vor, für die Witwen und Eltern gefallener
Kriegsteilnehmer, geschwärzt   E gs   15.–
                                               Br   115.–

Spanischer Bürgerkrieg 1936 – 1939

375	Spanienkreuz in Gold mit Schwertern und Brillanten	Sv/Pl 31 000.–
		Sv/S 24 000.–

376	Spanienkreuz in Gold mit Schwertern	Sv	2700.–
		Br vg	1560.–
		WM vg	1200.–

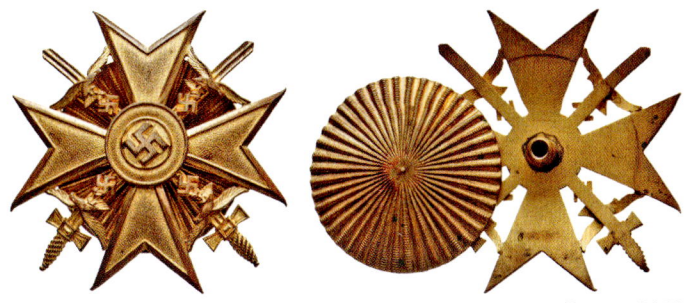

376/1	wie vor, mit Schraubscheibe	Br vg	3150.–

377	Spanienkreuz in Silber mit Schwertern	S	1440.–
		WM vs	855.–
377/1	wie vor, mit Schraubscheibe	Br vs	1100.–
378	Spanienkreuz in Silber	S	3480.–
		Br vs	2430.–
379	Spanienkreuz in Bronze mit Schwertern	Br	670.–

| **380** | Spanienkreuz in Bronze | Br get | 530.– |
| **381** | Ehrenkreuz für Hinterbliebene deutscher Spanienkämpfer | Br get | 3600.– |

382	Panzertruppenabzeichen der Legion Condor, in Gold, 1939, Ehrengeschenk der Truppe an Oberst Ritter von Thoma	G 30 000.–
383	wie vor, in Silber, Typ A, Augen im Totenkopf geschlossen, 1936 – 1939	Me vs 3750.– Ar 3600.– S 3950.–

384	wie vor, Typ B, Augen offen, 1939	WM vs 2760.–
385	wie vor, Typ C, 3 – 4 Knochen mit dem Rand verbunden, 1939	WM vs 1800.–

386	Verwundetenabzeichen für deutsche Freiwillige im spanischen Freiheitskampf, in Silber, 1939	E vs BM vs	∗ 700.–

387	wie vor, in Schwarz	Me gs	180.–

386 und **387**: der Preis gilt nur für Abzeichen,
die Bestandteil eines gesicherten
Legion-Condor-Nachlasses sind.

Eisernes Kreuz 1939 – 1945

388	Großkreuz des Eisernen Kreuzes, 1940	E gs/S	∗
389	wie vor, Ausführung in Platin und Onyx	Pl	∗
390	Bruststern, keine Verleihungen erfolgt	S/Sv	∗

391	Ritterkreuz mit Goldenem Eichenlaub, Schwertern und Brillanten	G/E gs/S	★
392	Ritterkreuz mit Eichenlaub, Schwertern und Brillanten, 1. Form	E gs/S	50 000.–
393	Ritterkreuz mit Eichenlaub, Schwertern und Brillanten, 2. Form, Typ 2, A-Stück, 1942 – 1945	E gs/Pl S/E gs/S	75 000.– 50 000.–
394	wie vor, Typ 2, B-Stück, 1942 – 1945	E gs/vs	50 000.–

393 und **394**: ohne Ritterkreuz bewertet

Eichenlaub mit Schwertern 1941 – 1945

Punze links

Punze rechts

395	Eichenlaub mit Schwertern, 1941 – 1945 Stempelung: 900, SILBER, L/50	S 19 500.–
396	wie vor, Stempelung: 900, 21	S 22 000.–
397	wie vor, Stempelung: 800, L/12	S 11 500.–
398	wie vor, Stempelung: 800	S 11 500.–

| **399** | wie vor, Stempelung: ohne, oder variant | S 7000.– |

Eichenlaub 1940 – 1945

| **400** | Eichenlaub, Stempelung: 900, SILBER, L/50 | S 16 500.– |
| **401** | wie vor, Stempelung: 900, 21 | S 16 500.– |

Punze links

402	wie vor, Stempelung: 800, L/12	S	8350.–
403	wie vor, Stempelung: 800	S	8350.–
404	wie vor, Stempelung: ohne, oder variant	S	6000.–
	Eichenlaub ohne Ritterkreuz bewertet		

Ritterkreuz 1939 – 1945

405	Ritterkreuz, Nichteisenkern, ungestempelt	–/S	5600.–
		–/vs	5000.–
406	wie vor, Kupferkern, auch mit Halböse	Ku/S	7600.–

Fa. C.E. Juncker

407	Ritterkreuz, Stempelung: L/12, 800 auch 800, L/12	E gs/S	9200.–
408	wie vor, Stempelung: 800, 2 stehend auch 800, 2 liegend	E gs/S	10 580.–
409	wie vor, Stempelung: 800 auch 800 mit •	E gs/S	6575.–

Fa. Klein & Quenzer

410 Ritterkreuz, Stempelung: 800, 65/800
im Sprungring   E gs/S   7050.–

Fa. Steinhauer & Lück

411   Ritterkreuz, Stempelung: große 800,
1. Ausführung   E gs/S   6200.–

411/1	wie vor, Stempelung: kleine 800, 2. Ausführung	E gs/S	5775.–
412	wie vor, Stempelung: 800/4	E gs/S	5800.–
413	wie vor, Stempelung: 935/4	E gs/S	6000.–

Fa. C. F. Zimmermann

414	Ritterkreuz, Stempelung: 800, 20	E gs/S	5800.–
415	wie vor, Stempelung: 800 Verleihungen nicht nachweisbar	E gs/S	4000.–

Eisernes Kreuz 1. Klasse 1939 – 1945

Zeitgenössisch gravierte Exemplare der 1. Klasse bis zu 100 % Aufschlag.

416	Eisernes Kreuz 1. Klasse, flach, Nadel, sog. Schinkelform	E gs/S	630.–
417	wie vor, gewölbt, Schraubscheibe	E gs/S	880.–
418	Eisernes Kreuz 1. Klasse, Nichteisenkern, Nadel	–/S	200.–
419	wie vor, Nichteisenkern, Schraubscheibe	-/S/WM	780.–

420	Eisernes Kreuz 1. Klasse, flach, Nadel, mit und ohne Hersteller	E gs/S	255.–
		E gs/vs	165.–
421	wie vor, Nadel, 3 abgerundet	E gs/S	875.–

422	Eisernes Kreuz 1. Klasse, flach, Schraubscheibe, mit und ohne Hersteller	E gs/S/WM	290.–
		E gs/Ar/WM	230.–
423	wie vor, gewölbt, Nadel, mit und ohne Hersteller	E gs/S	200.–
		E gs/vs	190.–
424	wie vor, Schraubscheibe, mit und ohne Hersteller	E gs/S/WM	300.–
		E gs/Ar/WM	260.–

Wiederholungsspangen zur 1. Klasse 1939 – 1945

| **425** | Spange 1939 zum Eisernen Kreuz 1. Klasse 1914, Nadel, 1. Form, 1939 | BM vs | 510.– |

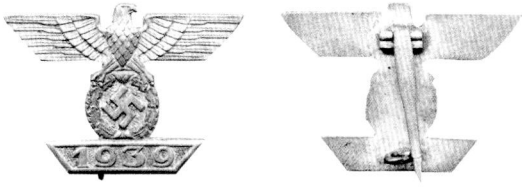

| **426** | wie vor, 2. Form, 1940 – 1945 mit und ohne Hersteller | BM vs | 365.– |
| | | KM vs | 310.– |

| **427** | Spange 1939 zum Eisernen Kreuz 1. Klasse 1914, Schraubscheibe, ab 1941 – 1945 | BM vs/WM | 435.– |
| | | KM vs/WM | 375.– |

| **428** | Eisernes Kreuz 1. Klasse 1914 mit angeprägter* Spange 1939, 1. Form, 1939 | KM vs/WM | 1725.– |
| | | WM/vs | 1205.– |

*) auch gelötet, Stegverbindungen, gedoppelte RS-Platte, 2-fach Nadeln o.ä.

| **429** | wie vor, 2. Form, 1940 – 1945 | E gs/S | 1200.– |
| | | WM/vs | 900.– |

430	wie vor, Schraubscheibe, 1941 - 1945, mit und ohne Hersteller	E gs/vs	1750.–
		BM/vs	1200.–
		KM/vs	875.–

Eisernes Kreuz 2. Klasse 1939 – 1945

431	Eisernes Kreuz 2. Klasse, sog. Schinkelform	E gs/S	230.–
432	wie vor, Nichteisenkern	–/S	165.–
433	Eisernes Kreuz 2. Klasse, 3 abgerundet	E gs/S	185.–
434	Eisernes Kreuz 2. Klasse, Übergröße 47 mm	E gs/S	600.–

| **435** | Eisernes Kreuz 2. Klasse | E gs/S | 145.– |
| | | E gs/vs | 85.– |

Wiederholungsspangen zur 2. Klasse 1939 – 1945

436	Spange 1939 zum Eisernen Kreuz		
	2. Klasse 1914, 1. Form, 1939	BM vs	205.–
		KM vs	150.–

| **437** | wie vor, 2. Form, 1940 – 1945 | BM vs | 195.– |
| | | KM vs | 145.– |

Kriegsdenkmünze

438	Kriegsdenkmünze 1939 – 1940,	E ox	2000.–
	keine Verleihung erfolgt	Me Br pt	3000.–
439	Kriegsdenkmünze 1939 – 1941,	E pt	3500.–
	keine Verleihung erfolgt	Me Br pt	★

Kriegsverdienstkreuz

440	Goldenes Ritterkreuz mit Schwertern,		
	1944 – 1945, Verleihungen nicht nachweisbar	Sv	9000.–
441	Goldenes Ritterkreuz	Sv	12 000.–

| 442 | Ritterkreuz mit Schwertern, 1940 – 1945 | S | 5850.– |

| 443 | Ritterkreuz | S | 5340.– |

| 444 | Kreuz 1. Klasse mit Schwertern | WM vs | 160.– |
| 445 | wie vor, mit Schraubscheibe, 1941 – 1945 | WM vs | 260.– |

446	Kreuz 1. Klasse	Br vs	170.–
447	wie vor, mit Schraubscheibe	Tb vs	255.–
		KM vs	170.–

| **448** | Kreuz 2. Klasse mit Schwertern | Br | 55.– |
| | | WM | 55.– |

449	Kreuz 2. Klasse	Br	45.–
		Tb	45.–
		KM br	20.–

| **450** | Kriegsverdienstmedaille, 1940 – 1945 | Br ox | 30.– |
| | | KM | 25.– |

Deutsches Kreuz
Fa. Rath, München

451   Deutsches Kreuz in Gold mit Brillanten,
                 RS: 6 Hohlnieten, auf der Nadel Firmensignatur
                 RATH MÜNCHEN (1942),
                 keine Verleihungen erfolgt   S/G 35 000.–

Fa. Deschler & Sohn, München

452   Deutsches Kreuz in Gold, Typ I,
                 RS: 10 Kugelkopfnieten, stark gebogene Nadel,
                 auch ohne Herstellerbezeichnung (1941)   Tb vs/vg   5500.–

452/1   Deutsches Kreuz in Gold, Typ II, RS: 6 kleine
              Kugelkopfnieten, kurze flache, mittig verbreiterte
              Nadel (1941/1942)   Tb vs/vg   2825.–

452/2   Deutsches Kreuz in Gold, Typ III, RS: 4 kleine
              Kugelkopfnieten, auf der Nadel Firmensignatur 1
              (ab 1942)   Cp/Tb vs/vg   2200.–

452/3   wie vor, Nadelhaken auf einem Lötplättchen
              (bis 1945)   Cp/Tb vs/vg   1900.–

C.E.Juncker, Berlin

452/4   Deutsches Kreuz in Gold, RS: 5 kleine
                 Kugelkopfnieten, polierte Nadel, innen
                 die Firmensignatur 2, Schildchen 1941
                 leicht vergrößert   Cp/Tb vs/vg   2640.–

C.F. Zimmermann, Pforzheim

452/5   Deutsches Kreuz in Gold, **schwere
                 Ausführung** um 65,0 g, RS: 4 Hohlnieten,
                 gewölbte Nadel, innen
                 die Firmensignatur 20   Cp/Tb vs/vg   1920.–

452/6 wie vor, Firmensignatur L/52 unterhalb
des Nadelbocks Cp/Tb vs/vg 1650.–

452/7 Deutsches Kreuz in Gold, **leichte**
Ausführung um 45,0 g, RS: 4 Hohlnieten,
Nadel innen die Firmensignatur 20 Cp/Tb vs/vg 1850.–

Von der 20 existieren zwei verschiedene Größen.

Gebr. Godet & Co., Berlin

452/8 Deutsches Kreuz in Gold, RS: 6 kleine
Kugelkopfnieten, lange polierte Nadel,
innen die Firmensignatur 21 Cp/Tb vs/vg 2200.–

Otto Klein & Co., Hanau

452/9 Deutsches Kreuz in Gold, RS:
4 Hohlnieten, flache spitze Nadel,
auf der RS der Kreuzes mittig die
Firmensignatur 134 (ab 1942) Cp/Tb vs/vg 1900.–

Steinhauer & Lück, Lüdenscheid

452/10   Deutsches Kreuz in Gold, RS: 4 Hohlnieten,
               auf der Nadelmitte die Firmensignatur 4
               (1945)   Cp/Tb vs/vg   1580.–

Deutsches Kreuz in Gold, gestickt ab 1942

Exemplare mit Stoff- anstatt Metallkranz waren nicht zulässig

452/11   Deutsches Kreuz in Gold, gestickte Ausführung
               auf Heeresstoff, Metallkranz vergoldet   –   360.–
               Farbe: graugrün für Heer und Waffen-SS,
               feldgrau für Sturmschützen- u. Panzeraufklärungs-Abt.

452/12   wie vor, gestickte Ausführung auf Luftwaffenstoff,
             Metallkranz vergoldet   –   470.–
             Farbe: luftwaffenblau für fliegendes Personal

452/13   wie vor, gestickte Ausführung auf Marinestoff   –   410.–
             Farbe: dunkelblau

452/14   wie vor, gestickte Ausführung auf Panzertuch,
             Metallkranz vergoldet, Hersteller: D&B   –   435.–
             Farbe: schwarz

452/15   wie vor, gestickte Ausführung für die
             helle Sommeruniform   –   ⋆
             Farbe: weiß

452/16   wie vor, gestickte Ausführung für das Afrika-Korps   –   1000.–
             Farbe: khaki

Deutsches Kreuz in Silber
Fa. Deschler & Sohn, München

452/17   Deutsches Kreuz in Silber, RS: 10 Vollnieten,
             kurze Nadel, 1. Fertigungsserie   Cp/Tb vs 12 500.–

452/18   wie vor, RS: 6 Vollnieten   Cp/Tb vs   3600.–

453   Deutsches Kreuz in Silber, RS: 4 Vollnieten, leicht
             gebogene Nadel, darauf mittig die
             Firmensignatur 1   Cp/Tb vs   3400.–

453/1   wie vor, jedoch die Jahreszahl 1941 schwarz lackiert,
             Eigenmächtigkeit des Herstellers   Cp/Tb vs   3000.–

453/2   Deutsches Kreuz in Silber, RS: 4 Vollnieten, leicht
             gebogene Nadel, jedoch ohne Firmensignatur 1
             (ab 1944)   Cp/Tb vs   2475.–

Fa. C.F. Zimmermann, Pforzheim

453/3   Deutsches Kreuz in Silber,
schwere Ausführung um 64,0 g,
RS: 4 Hohlnieten, auf der Nadel außen
die Firmensignatur 20 (bis 1943)   Cp/Tb vs   2400.–

453/4   wie vor, **leichte Ausführung** um 46,0 g,
RS: 4 Hohlnieten, auf der Nadel innen die
Firmensignatur 20   Cp/Tb vs   3875.–

453/5   wie vor, jedoch die Firmensignatur 20 auf der
Nadel außen   Cp/Tb vs   4000.–

Fa. Gebr. Godet & Co., Berlin

453/6   Deutsches Kreuz in Silber, RS: 6 kleine
Kugelkopfnieten, auf der breiten stumpfen
Nadel innen die Firmensignatur 21, auch
mit Nadeln aus Buntmetall   Cp/Tb vs   2800.–

Fa. Otto Klein & Co., Hanau

453/7   Deutsches Kreuz in Silber, RS: 4 Hohlnieten,
flache Nadel, spitz zulaufend, auf der RS des
Kreuzes mittig die Firmensignatur 134, auch
mit Nadeln aus Buntmetall (ab 1942)   Cp/Tb vs   2300.–

Fa. Steinhauer & Lück, Lüdenscheid

453/8   Deutsches Kreuz in Silber, RS: 4 Hohlnieten,
Nadel flach, spitz zulaufend, außen mittig die
Firmensignatur 4 (Anfang 1945)   Cp/Tb vs   1750.–

453/9 wie vor, Nadel jedoch ohne die Firmensignatur 4
(ab Mai 1945)   Cp/Tb vs   1000.–

Ehrenblattspangen, 1944 – 1945

454 Ehrenblattspange des Heeres   Tb vg   1715.–

455 Ehrenblattspange der Luftwaffe   Tb vg   2100.–

456   Ehrentafelspange der Kriegsmarine   Tb vg   2550.–

Verwundetenabzeichen

457   Verwundetenabzeichen in Gold, 1. Form,
               hohl geprägt, 1939/40   Tb vg   450.–

458   wie vor, in Silber   Me vs   310.–
                                                               WM vs   200.–
                                                                E vs   190.–

459   wie vor, in Schwarz   E vs   150.–
                                                               Br gs   95.–

460   Verwundetenabzeichen in Gold, 2. Form,
            massiv, 1940 – 1945   Tb vg   180.–
                                                   KM vg   145.–

461   wie vor, in Silber, massiv   Tb vs   105.–
                                                   KM vs   80.–

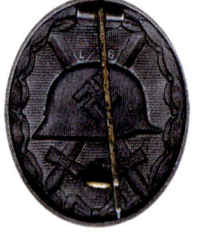

462   wie vor, in Schwarz, hohl geprägt   Me gs   45.–
                                                   E gs   25.–

Verwundetenabzeichen 20. Juli 1944

463   in Gold, massiv, 1944   Sv 30 000.–

464   wie vor, in Silber, massiv   S pt 24 000.–

465   wie vor, in Schwarz, massiv   S pt 18 500.–

Winterschlacht

466   Medaille Winterschlacht im Osten 1941/42,
                 patiniert, 1942 – 1945   KM get   45.–

**Dienstauszeichnungen Heer und Marine,
Wehrmachtadler auf dem Band in Metall
in der Farbe des Kreuzes bzw. der Medaille**

| **467** | DA 1. Klasse mit goldenem Eichenlaub auf dem Band für 40 Dienstjahre, 1939 – 1940 | E vg | 390.– |
| | | Tb vg | 390.– |

| **468** | DA 1. Klasse für 25 Dienstjahre | E vg | 205.– |

469   DA 2. Klasse für 18 Dienstjahre   Tb vs   155.–
                                                     KM vs   120.–
                                                      E vs   95.–

470   DA 3. Klasse für 12 Dienstjahre   E vg   65.–
                                                     Tb vg   65.–

471   DA 4. Klasse für 4 Dienstjahre   E vs   45.–
                                                                   Tb vs   45.–

Dienstauszeichnungen Luftwaffe,
Luftwaffenadler auf dem Band in Metall
in der Farbe des Kreuzes bzw. der Medaille

472   DA 1. Klasse mit goldenem Eichenlaub
                auf dem Band für 40 Dienstjahre   Tb vg/vg   290.–
473   DA 1. Klasse für 25 Dienstjahre   Tb vg   185.–

| **474** | DA 2. Klasse für 18 Dienstjahre | Tb vs | 180.– |
| | | E vs | 165.– |

| **475** | DA 3. Klasse für 12 Dienstjahre | Tb vg | 65.– |
| | | E vg | 65.– |

| **476** | DA 4. Klasse für 4 Dienstjahre | E vs | 45.– |

SS-Dienstauszeichnungen, SS-Runen auf dem Band gestickt

477   DA 1. Stufe nach 25-jähriger Dienstleistung,
                 1938 – 1941   Br vg   3350.–

478   DA 2. Stufe nach 12-jähriger Dienstleistung   Br vs   2900.–

479   DA 3. Stufe nach 8-jähriger Dienstleistung   Br get   730.–
                                                                Me Br get   670.–

480   DA 4. Stufe nach 4-jähriger Dienstleistung   Br gs   380.–

Runen auf dem Band:
1. Stufe vergoldeter Metallfaden
2. Stufe alusilberner Metallfaden

Kampf- und Tätigkeitsabzeichen der Wehrmacht

Narvik

481   Ärmelschild in Silber für Heer und Luftwaffe,
1940 – 1941   Tb vs   460.–
                                                 WM vs   360.–

482   wie vor, in feldgrauem Anstrich   KM   230.–

483   wie vor, in Gold für die Marine   Tb vg   380.–
                                                       WM vg   320.–

Cholm

484	Ärmelschild, silbergrau, 1942	E vs	1950.–
485	wie vor, feldgrau, 1944	KM get	1410.–
		KM vs	1050.–

Krim

486	Ärmelschild in Gold, Ehrengeschenk an Generalfeldmarschall von Manzstein, 1943	G	★

487	wie vor, stiftungsmäßige Ausführung, 1942 – 1943	E get	145.–
		Me get	110.–
		KM	85.–

Demjansk

488 Ärmelschild, silbergrau, 1943 – 1944   E pt   265.–

489 wie vor, olivgrau oder feldgrau getönt   E pt   220.–
                                                      KM   180.–

Kuban

490	Ärmelschild, 1943 – 1944	E get	190.–
		KM br	150.–

Warschau

491	Ärmelschild, 1944, keine Verleihungen erfolgt	BM get	*

Lappland

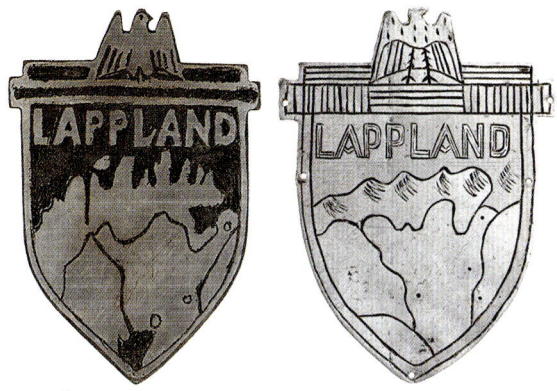

| **492** | Ärmelschild, diverse Varianten, 1945 | Alu get | 420.– |

Lorient

| **493** | Ärmelschild, 1944, nicht offiziell | Me | 1550.– |

Ärmelbänder

| 494 | Ärmelband KRETA, Baumwolle, auch Filz mit Kunstseide, 1942 – 1944 | 265.– |

| 495 | Ärmelband AFRIKA, khakibrauner Stoff, silbergraue Kunstseide, 1942 – 1944 | 200.– |
| 496 | wie vor, Baumwolle, auch olivfarbener Filz, silbergrauer Baumwollfaden | 190.– |

| 497 | Ärmelband Metz 1944, schwarzer Baumwollstoff, Stickerei alu-silbern, 1944 – 1945 | 3050.– |

498	Ärmelband KURLAND, Nesselstoff ungebleicht, schwarze Baumwollstickerei, RS hellblaugrau, 1945	435.–
499	wie vor, weißer Filz, schwarze Kunstseide	385.–
500	wie vor, Gasplane gelbgrau, schwarz bedruckt	370.–

Fahrwesen

501	Kraftfahrbewährungsabzeichen in Gold, 1942	E vg	70.–

502	wie vor, in Silber	E vs	60.–

503	wie vor, in Bronze	E br	35.–

Nahkampfspange

504   Nahkampfspange in Gold, 3. Stufe für
              50 Nahkampftage, 1943 – 1945   KM vg   1750.–
                                                  Tb vg   3000.–

505   wie vor, mit Gegenhäkchen, 1944 – 1945   Tb vg 16 000.–

506   Nahkampfspange in Silber, 2. Stufe für 30
              Nahkampftage, 1943 – 1945   BM vs   490.–
                                               KM vs   445.–

506/1   wie vor, mit gebläutem Plättchen   KM vs   1300.–

507	wie vor, in Bronze,		
	1. Stufe für 15 Nahkampftage	KM br	315.–
		BM	365.–

Infanterie-Sturmabzeichen

508	Infanterie-Sturmabzeichen, in Silber,		
	1939 – 1945	Tb vs	105.–
		KM vs	95.–
509	wie vor, Hohlprägung	Tb vs	155.–
		KM vs	115.–
510	wie vor, in Bronze, 1940 – 1945	KM get	125.–
511	wie vor, Hohlprägung	KM get	100.–
		Tb get	140.–

Allgemeines Sturmabzeichen

512   Sturmabzeichen mit der Einsatzzahl 100,
1943 – 1945   KM vg/vs 11000.–

513   wie vor, Hohlprägung   KM vg/vs   ★

514   wie vor, mit der Einsatzzahl 75   KM vg/vs   7500.–
515   wie vor, Hohlprägung   KM vg/vs   7500.–

| **516** | wie vor, mit der Einsatzzahl 50 | KM vg/vs | 3000.– |
| **517** | wie vor, Hohlprägung | KM vg/vs | 3300.– |

| **518** | wie vor, mit der Einsatzzahl 25 | KM pt | 1655.– |
| **519** | wie vor, Hohlprägung | KM pt | 1330.– |

| **520** | wie vor, ohne Einsatzzahl, 1940 – 1945 | BM vs | 150.– |
| | | KM get | 85.– |

| **521** | wie vor, Hohlprägung, ab 1943 | KM vs | 105.– |
| | | BM vs | 125.– |

Panzerkampfabzeichen

Ausführung in Silber

522	Panzerkampfabzeichen mit der Einsatzzahl 100, 1943 – 1945	KM vg/vs	9300.–

523	wie vor, mit der Einsatzzahl 75	KM vg/vs	8000.–
524	wie vor, mit der Einsatzzahl 50	KM vs	2000.–

525	wie vor, mit der Einsatzzahl 25	KM vs	1325.–
526	wie vor, halbhohle Prägung	KM vs pt	1050.–
527	wie vor, ohne Einsatzzahl, 1939 – 1945	BM vs	180.–
		KM vs	145.–

| **528** | wie vor, halbhohle der Hohlprägung | KM vs pt | 135.– |

Panzerkampfabzeichen

Ausführung in Bronze

529   Panzerkampfabzeichen mit der
Einsatzzahl 100, 1943 – 1945   KM get   5200.–

530   wie vor, mit der Einsatzzahl 75   KM br   3400.–

531   wie vor, mit der Einsatzzahl 50   KM Br   2100.–

532   wie vor, mit der Einsatzzahl 25   KM br   1450.–

| **533** | wie vor, ohne Einsatzzahl | BM | 245.– |
| | | KM br | 170.– |

| **534** | wie vor, halbhohle oder Hohlprägung | BM | 245.– |
| | | KM br | 180.– |

Flak-/Fallschirmschützen

535	Heeres-Flakabzeichen	Alu get	410.–
		KM get	380.–
		BM vs	425.–
536	Fallschirmschützen-Abzeichen des Heeres,		
	1937 – 1939	S/Sv	7800.–
	ohne Gravur Preisabschlag	Alu get	3900.–
		KM vg	3600.–

537	wie vor, ab 1944	KM vg/pt	1750.–

Panzervernichtung

538   Sonderabzeichen für das Niederkämpfen von
                Panzerkampfwagen durch Einzelkämpfer in Gold,
                Auflage Eisen, 1942 – 1945   E vg   3160.–
                                                              Br vg   2730.–

539   wie vor, in Schwarz, Auflage Eisen   E gs   610.–

Tieffliegervernichtung

540   Tieffliegervernichtungsabzeichen in Gold,
                Verleihungen nicht nachweisbar   E vg   ★

541   wie vor, in Schwarz   E gs   ★

Ballonbeobachter

542   Ballonbeobachterabzeichen in Gold, 3. Stufe,
            1944 – 1945
            Verleihungen nicht nachweisbar   Br get   5000.–

543   wie vor, in Silber, 2. Stufe   Br vs   4250.–

544   wie vor, in Bronze, 1. Stufe   Br get   4000.–

Scharfschützen

545   Scharfschützenabzeichen 1. Stufe, grünlich-
            hellgrauer Filz, mehrfarbig gestickt, ohne Kordel,
            1944 – 1945   2050.–

546   wie vor, 2. Stufe, mit silberner Kordel   2500.–

547   wie vor, 3. Stufe, mit goldener Kordel   3800.–

Heeresbergführer

| 548 | Abzeichen für Heeresbergführer, Edelweiß separat, zweifach vernietet | BM em | 3975.– |

Kampf- und Tätigkeitsabzeichen der Kriegsmarine

U-Boots-Frontspange

| 549 | U-Boots-Frontspange in Silber, 1944 – 1945 | KM get | 1300.– |

| 550 | wie vor, in Bronze | KM br get | 480.– |

U-Boots-Kriegsabzeichen

| 551 | U-Boots-Kriegsabzeichen mit Brillanten für den BdU Großadmiral Dönitz, Loorbeerkranz und Hakenkreuz mit Brillanten | G | ★ |

| **552** | wir vor, mit Brillanten, Hakenkreuz mit Brillanten | G | 25 000.– |
| | | Sv | 20 000.– |

553	U-Boots-Kriegsabzeichen	Me Br vg	380.–
		KM vg	230.–
553/1	wie vor, Hohlprägung	BM vg	490.–

Zerstörer-Kriegsabzeichen

554	Zerstörer-Kriegsabzeichen, 1940 – 1945	Tb vg	310,–
		KM vg	195.–
555	Zerstörer-Kriegsabzeichen mit Brillanten, Hakenkreuz mit Brillanten	Sv	15 000.–

Minensucher-Kriegsabzeichen

556　　Minensucher-Kriegsabzeichen, 1940 – 1945　　Sv　　★
　　　　　　　　　　　　　　　　　　　　　　　Tb vg/vs　135.–
　　　　　　　　　　　　　　　　　　　　　　　KM vg/vs　110.–

557　　wie vor, mit Brillanten,
　　　　Hakenkreuz mit Brillanten, 1943　　　　Sv 25 000.–

Hilfskreuzer-Kriegsabzeichen

558　　Hilfskreuzer-Kriegsabzeichen　　　　Tb vg/vs　690.–
　　　　　　　　　　　　　　　　　　　　KM vg/vs　445.–

559　　Hilfskreuzer-Kriegsabzeichen mit Brillanten,
　　　　Hakenkreuz mit Brillanten, 1942　　　Sv 30 000.–

560   Hilfskreuzer-Kriegsabzeihen, japanische Fertigung
                 für die Besatzungen der Hilfskreuzer Thor und
                 Michel, Sterlingsilber   S   4800.–

Flotten-Kriegsabzeichen

561   Flotten-Kriegsabzeichen mit Brillanten,
                 Hakenkreuz mit Brillanten,
                 keine Verleihung erfolgt   Sv 22 500.–

562   Flotten-Kriegsabzeichen, 1941 – 1945   BM vg   390.–
                                                                KM vg   220.–

Schnellboot-Kriegsabzeichen

563   wie vor, 1. Modell, mit Brillanten,
keine Verleihung erfolgt   Sv 28 000.–

564   Schnellboot-Kriegsabzeichen, 1. Modell,
1941 – 1943, Schnellboot im Kranz

Tb vg/vs	1630.–
KM vg/vs	725.–
Sv	★

565   wie vor, 2. Modell, mit Brillanten,
Hakenkreuz mit Brillanten   Sv 20 500.–

566	Schnellboot-Kriegsabzeichen, 2. Modell, 1943 – 1945, Schnellboot ragt über den Kranz hinaus	KM vg/vs	420.–

Marine-Artillerie-Kriegsabzeichen

567	Kriegsabzeichen für die Marine-Artillerie, 1941 – 1945	BM vg/vs	330.–
		KM vg/get	155.–

Blockadebrecher-Abzeichen

568   Abzeichen für Blockadebrecher,
            1941 – 1945   BM vs   470.–
                                            KM vs get 405.–

Marine-Frontspange

569   Marine-Frontspange, Exemplare aus Bordmitteln
            gefertigt, 1944 – 1945   275.–

Kleinkampfmittel, 1944 – 1945

570   Kampfabzeichen der Kleinkampfmittel,
            1. Stufe, goldener, gestickter Sägefisch in
            ebensolchem Tauwerk   845.–

571   wie vor, 2. Stufe, goldener, gestickter Sägefisch
            in ebensolchen Tauwerk, ein Schwert   960.–

572   wie vor, 3. Stufe, goldener, gestickter Sägefisch
            in ebensolchem Tauwerk, zwei gekreuzte Schwerter 1295.–

573	wie vor, 4. Stufe, goldener, gestickter Sägefisch in ebensolchem Tauwerk, drei gekreuzte Schwerter		1.500.–
574	wie vor, 5. Stufe, Spange mit querliegendem Sägefisch auf Tauwerk	Br	★
575	wie vor, 6. Stufe	Br	8000.–
576	wie vor, 7. Stufe	Br vs	★
	573 – 576 keine Verleihungen erfolgt		
577	Bewährungsabzeichen der Kleinkampfmittel, goldener, gestickter Sägefisch		750.–

Westwerft-Leistungsabzeichen

578	Westwerft-Leistungsabzeichen	Br	450.–
		KM	380.–

578/1   wie vor, 2. Modell   Alu   480.–
                                                                   KM   380.–

578/2   Werft-Leistungsabzeichen   Zn/KM   ∗

Kampf- und Tätigkeitsabzeichen der Luftwaffe

Frontflugspangen 1941 – 1945, Anhänger 1942 – 1945,
Anhänger mit Zahlen 1944 – 1945
Luftwaffe Jäger/Tagjäger

579	Spange in Gold mit Brillanten	G/Pl	40 000.–
580	Spange in Gold mit Anhänger und Einsatzzahl	Tb vg/KM vg	1800.–
		KM vg/vg	845.–

581	Spange in Gold mit Anhänger	BM vg/KM vg	1200.–

582	Spange in Gold, Pfeil altsilbern	Tb vg	870.–
		KM vg	490.–

583	Spange in Silber, Pfeil altsilbern	Tb vs	400.–
		KM vs	365.–
584	Spange in Bronze, Pfeil altsilbern	Tb ox	355.–
		KM br	245.–

Nah-Nachtjäger, Lorbeerkranz schwarz

585   Spange in Gold mit Anhänger
und Einsatzzahl   Tb vg/KM vg   1200.–

586   Spange in Gold mit Anhänger   Tb vg/KM vg   1550.–
KM vg/vg   1050.–

587   Spange in Gold   Tb vg   1050.–
KM vg   1000.–

588   Spange in Silber   Tb vs   860.–
KM vs   860.–

589   Spange in Bronze   Tb br   715.–
KM br   630.–

Fern-Nachtjäger, 1942 – 1945

590	Spange in Gold mit Anhänger und Einsatzzahl	Tb vg/KM vg	1900.–
		KM vg/vg	1300.–
591	Spange in Gold mit Anhänger	Tb vg/KM vg	1600.–
		KM vg/vg	1200.–
592	Spange in Gold	Tb vg	1050.–
		KM vg	820.–
593	Spange in Silber	Tb vs	950.–
		KM vs	705.–
594	Spange in Bronze	Tb ox	750.–
		KM br	620.–

Zerstörer, 1942 – 1945

595	Spange in Gold mit Anhänger und Einsatzzahl	TB vg/KM vg	1900.–
		KM vg/vg	1000.–

596	Spange in Gold mit Anhänger	TB vg/ KM vg	1880.–
		KM vg/vg	1750.–
597	Spange in Gold	Tb vg	1200.–
		KM vg	1000.–
598	Spange in Silber	Tb vs	940.–
		KM vs	870.–
599	Spange in Bronze	Tb	640.–
		KM br	490.–

Kampf- und Sturzkampfflieger

600	Spange in Gold mit Anhänger und Einsatzzahl	Tb vg/KM vg	★
		KM vg/vg	910.–

601	Spange in Gold mit Anhänger	Tb vg/KM vg	700.–
		KM vg/vg	605.–

602	Spange in Gold, Auflage altsilbern	Tb vg	690.–
		KM vg	430.–

603	Spange in Silber, Auflage altsilbern	Tb vs	460.–
		KM vs	335.–

604   Spange in Bronze, Auflage altsilbern   Tb ox   360.–
                                                              KM br   275.–

Aufklärer

605   Spange in Gold mit Anhänger
                 und Einsatzzahl   Tb vg/KM vg   1050.–
                                          KM vg/vg   760.–

606   Spange in Gold mit Anhänger   Tb vg/KM vg   670.–
                                                      KM vg/vg   580.–

607   Spange in Gold, Auflage altsilbern   Tb vg   590.–
                                                             KM vg   265.–

| **608** | Spange in Silber, Auflage altsilbern | Tb vs | 440.– |
| | | KM vs | 290.– |

| **609** | Spange in Bronze, Auflage altsilbern | Tb ox | 380.– |
| | | KM br | 335.– |

Transport- und Luftlandeflieger

610	Spange in Gold mit Anhänger und Einsatzzahl	Tb vg/KM vg	950.–
		KM vg/vg	645.–
611	Spange in Gold mit Anhänger	Tb vg/KM vg	825.–
		KM vg/vg	690.–

612	Spange in Gold, Auflage altsilbern	Tb vg	535.–
		KM vg	485.–
613	Spange in Silber, Auflage altsilbern	Tb vs	360.–
		KM vs	305.–

| **614** | Spange in Bronze, Auflage altsilbern | Tb br | 295.– |
| | | KM br | 260.– |

Schlachtflieger, 1944 – 1945

| **615** | Spange in Gold mit Brillanten und Einsatzzahl 2000 | G/Pl | ★ |

616	Spange in Gold mit Anhänger und Einsatzzahl	Tb vg/KM vg	★
		KM vg/vg	1400.–
617	Spange in Gold mit Anhänger	Tb vg/vg	1200.–
		KM vg/vg	1030.–
618	Spange in Gold	Tb vg	950.–
		KM vg	835.–
619	Spange in Silber	Tb vs	900.–
		KM vs	760.–

| **620** | Spange in Bronze | Tb br | 700.– |
| | | KM br | 580.– |

Kampfabzeichen der Luftwaffe
Flakartillerie

621	Kampfabzeichen der Flakartillerie, 1941 – 1945	BM	340.–
		KM ox	185.–
		Ar ox	130.–

Erdkampfabzeichen, 1942 – 1945

622	Erdkampfabzeichen der Luftwaffe mit Einsatzzahl 100	★
623	wie vor, mit der Einsatzzahl 75	★
624	wie vor, mit der Einsatzzahl 50	★
625	wie vor, mit der Einsatzzahl 25	5000.–

626	wie vor, ohne Einsatzzahl, silbergrau patiniert	BM vs	365.–
		KM ox	220.–

622 Verleihungen nicht erfolgt
623 – **625** Verleihungen fraglich

Nahkampfspange der Luftwaffe, 1944 – 1945

627   Nahkampfspange der Luftwaffe in Gold,
             3. Stufe, für 50 Nahkampftage   Tb vg   ★

628   Nahkampfspange der Luftwaffe in Silber,
             2. Stufe, für 30 Nahkampftage   Tb vs   5650.–

629   Nahkampfspange der Luftwaffe in Bronze,
             1. Stufe, für 15 Nahkampftage   Tb br   4300.–

Panzerkampfabzeichen der Luftwaffe

Ausführung in Silber, 1944 – 1945

630   Panzerkampfabzeichen der Luftwaffe
             mit der Einsatzzahl 100   Tb vs get   ★

631   wie vor, mit der Einsatzzahl 75   Tb vs get   ★

632   wie vor, mit der Einsatzzahl 50   Tb vs get   ★

633   wie vor, mit der Einsatzzahl 25   Tb vs get   ★

634   wie vor, ohne Einsatzzahl   vs   3.400.–

             630 – **633** Verleihungen nicht nachweisbar

Ausführung in Schwarz

635   Panzerkampfabzeichen
             mit der Einsatzzahl 100   Tb vs/gs   ★

636   wie vor, mit der Einsatzzahl 75   Tb vs/gs   ★

637   wie vor, mit der Einsatzzahl 50   Tb vs/gs   ★

638   wie vor, mit der Einsatzzahl 25   Tb vs/gs   ★

639   wie vor, ohne Einsatzzahl   KM vs   3400.–

             635 – **638** Verleihungen nicht nachweisbar

Seekampfabzeichen, 1944 – 1945

640   Seekampfabzeichen der Luftwaffe   KM/E   4500.–
             Verleihungen nicht nachweisbar

Tätigkeits- und Leistungsabzeichen der Luftwaffe

Flugzeugführerabzeichen, 1935 – 1945

641	Flugzeugführerabzeichen	BM vs	990.–
		Ar pt	415.–
		KM ox	365.–
		Alu	710.–

Beobachterabzeichen, 1935 – 1945

642	Beobachterabzeichen	BM vs	745.–
		Ar get	650.–
		S	1600.–
		Alu	410.–

Gemeinsames Flugzeugführer- und Beobachterabzeichen, 1935 – 1945

643   Beobachterabzeichen, 1. Form 1935   Tb vs get   ★

644   wie vor, 2. Form, in Gold mit Brillanten,
        1. Ausgabe mit weißen Saphiren   G/Pl 70 000.–

645   wie vor, 2. Ausgabe, Steine Simili   G 57 000.–
                S/Br 24 000.–

646   Ausführung als Brosche mit langer Quernadel,
        diese mit Brillanten und Rubinen,
        1941, 1943, 1944   G/Pl   ★

647   Gemeinsames Flugzeugführer- und
        Beobachterabzeichen, 2. Form,
        1935 – 1945   Tb vg/vs   2040.–
                Tb vg/KM vs   1225.–
                KM vg/vs   750.–
                Alu vg/vs   1510.–

Fliegerschützenabzeichen, 1935 – 1942

648   mit Blitzbündel, in Buntmetall, 1935 – 1938
in Neusilber 1938 – 1942

in Kriegsmetall ab 1944

Tb vs/pt	515.–
Ar vs/pt	440.–
KM vs get	310.–
Alu	430.–

649	wie vor, ohne Blitzbündel, 1942 – 1943	KM vs get	365.–
650	wie vor,mit amtlich entferntem Blitzbündel	BM vs	495.–
		KM vs/pt	460.–
651	wie vor, ohne Blitzbündel, mit schwarzem Kranz, 1944 – 1945	KM vs/pt	1180.–

Fallschirmschützenabzeichen, 1936 – 1945

652	Fallschirmschützenabzeichen	BM/vg	845.–
		Ar ox	590.–
		Me vg	535.–
		KM vs/vg	405.–

Segelflugzeugführerabzeichen, 1940 – 1945

653	Segelflugzeugführerabzeichen	BM vg	1950.–
		KM vs/get	1690.–

Fliegererinnerungsabzeichen, 1935 – 1944

654	Fliegererinnerungsabzeichen	Ar vs/pt	2000.–
		KM vs	1700.–

Heimat-Flakartillerie

655	Zivilabzeichen	KM	220.–

Nicht tragbare Auszeichnungen der Luftwaffe

656   Ehrenpokal für besondere Leistungen im
              Luftkrieg 1940 – 1944   S   6300.–
                                                       Alp 3250.–

657   Ehrenschale für hervorragende Kampfleistungen
              1942 – 1945   Alp 14 500.–

Medaillen

658	Medaille für ausgezeichnete Leistungen im technischen Dienst der Luftwaffe	KM vs	235.–
659	Medaille für ausgezeichnete Leistungen im technischen Dienst der Fliegertruppe	KM br	∗
660	Medaille für besondere Leistungen im Luftgau-Belgien-Nordfrankreich, 1944	KM br	250.–
661	Medaille für treue Dienstleistungen im Feldluftgaukommando Westfrankreich	Br	250.–
661/1	Medaille für Kampfgeschwader 153 – Merseburg	E gs	250.–

Plaketten und Schilde

662	Plakette für besondere Leistungen im Südostraum, 1. Form: General und Befehlshaber …	KM br	645.–
663	wie vor, 2. Form: Oberbefehlshaber …	br	850.–

664   Ehrenplakette für hervorragende technische
            Leistungen im Süden, 1942   E vs   455.–
                                               E gs   480.–
                                               Br gs   505.–
                                               KM gs   505.–

665   Schild für besondere Verdienste im Einsatz Kreta,
            1. Form: Fallschirmjäger-Adler ohne Hakenkreuz,
            1941   vg   ★
                                               KM ox   900.–

666   wie vor, 2. Form: Luftwaffenadler,
            Umriß der Insel   KM   700.–

667   wie vor, 3. Form: Fallschirmjäger-Adler mit
Hakenkreuz, braun patinierte Einlagen   KM vs   650.–

668   Ehrenplakette für besondere Leistungen
Chef der Luftflotte 1, Keller, Generaloberst,
1941/42   BM br   610.–

669   wie vor, in Anerkennung besonderer Leistungen,
Chef der Luftflotte 1, Keller, Generaloberst   BM br   610.–

670   Ehrenplakette der Luftflotte 2, für hervor-
ragende technische Leistungen im Osten   E gs   500.–

671	Ehrenplakette der Luftflotte 4	BM vs	580.–
672	Ehrenplakette der 21. Luftwaffen-Feld-Division	E gs	900.–
672/1	Ehrenplakette des XIV Fliegerkorps für hervorragende Verdienste, 1943	Z vs	600.–
672/2	Ehrenplakette des Luftwaffen- ausbildungskommandos	KM vs	600.–

Plaketten und Schilde / Luftgaue

673	Luftgau II – Ehrenschild für hervorragende Verdienste	WM vs	515.–
674	Luftgau VII – für besondere Leistungen	vs	750.–
		KM	600.–

675	Luftgau VIII – Ehrenplakette für gute Leistungen	E gs	585.–
675/1	Luftgau Niederlande, 1939 – 1941	Z	800.–
675/2	Ehrenplakette des Wehrmachtbefehlshabers in den Niederlanden	Br	700.–

676   Luftgau XI – Eiserner Ehrenschild, 1940,
                 drei verschiedene Größen   E ox   470.–
                                                           Br ox   350.–
                                                           KM ox   375.–

677   wie vor, Silberner Ehrenschild, 1942,
                 zwei verschiedene Größen   Br vs   520.–

678   wie vor, Bronzener Ehrenschild, 1942   Br ox   510.–
                                                           KM ox   480.–

679	Luftgau XII – Ehrenplakette	E	600.–
	für besondere Leistung	Zn lack	510.–
680	Luftgau XII/XIII – Ehrenplakette für besondere		
	Leistungen, 1942	vs	790.–
681	Luftgau XVII – Plakette für hervorragende		
	Verdienste, Kriegsjahr 1943	KM	700.–

681/1	wie vor, Kriegsjahr 1944	KM	700.–

| 682 | Feldluftgau XXX – Plakette für besondere Bewährung, 1944 | KM | 700.– |
| 683 | Ehrenplakette für besondere Bewährung im XXX. Fliegerkorps | | 620.– |

| 684 | Luftgaukommando Norwegen – Ehrenschild für besondere Leistung, geschwärzt, 1. Form | Br ges | 455.– |
| | | E gs | 370.– |

685	wie vor, bronziert, 2. Form	KM br	1500.–
686	Luftgaustab Finnland – Ehrenplakette für besondere Bewährung, Jahreszahl 1942	Br	475.–

687	wie vor, Jahreszahl 1943	KM pt	400.–
688	wie vor, Jahreszahl 1944	KM	★

689	Luftgau Kiew – Plakette für besondere Bewährung	KM	750.–
690	Luftgau Moskau – für tatkräftigen Einsatz im Winterfeldzug 1941/42	Steingut	1000.–

691	Luftgau Charkow – Plakette für besondere Verdienste	E gs	875.–
692	Ehrenplakette der Flieger-Division 4		600.–
693	Ehrenplakette des Kampfgeschwaders 257		620.–

694   Ehrenplakette der Kampfgruppe z. b. V. 105   KM   500.–

695	Ehrenplakette des Luftkreises V	Br	700.–
696	Adlerschild des Kampfgeschwaders 30	KM	800.–
697	Ehrenplakette des Luftgau Rostow, 1942	Porzellan	750.–
698	Plakette Luftwaffenkommando Südost	KM	600.–
699	Plakette des Flakscheinwerfer-Regiments 2, 1941	KM	325.–
699/1	Ehrenplakette der Flakgruppe Oberschlesien	E gs	900.–

700   Medaille für besondere Verdienste
               Jagdgeschwader 52   410.–

700/1   Plakette des Flakscheinwerfer-Rgt. 2   LM br   750.–

700/2   Ehrenplakette des 2. L. Res. Flak/Abt. 743   E gs   700.–

Kampfabzeichen der Waffen-SS und Polizei

Bandenkampfabzeichen, 1944 – 1945

701	Bandenkampfabzeichen in Gold mit Brillanten, keine Verleihung erfolgt	Sv	⋆
702	Bandenkampfabzeichen in Gold, 3. Stufe für 75 bzw. 100 Kampftage	Br vg	5000.–
703	wie vor, halbhohle Prägung	KM vg	4350.–
704	wie vor, mit gebläuter Klinge	Br vg	⋆

705	wie vor, in Silber, 2. Stufe für 50 bzw. 75 Kampftage	Br vs	2900.–
		KM vs	2400.–
706	wie vor, halbhohle Prägung	KM get	1750.–
707	wie vor, in Bronze, 1. Stufe für 20 bzw. 30 Kampftage	Br get	1500.–
		KM br	1250.–
708	wie vor, halbhohle Prägung	KM get	1390.–

Auszeichnungen für Ausländer/ Freiwilligen-Verbände

Tapferkeits- und Verdienstauszeichnungen für Angehörige der Ostvölker

Für Tapferkeit, 1942 – 1945

| **709** | 1. Klasse in Gold mit Schwertern | KM gbr | 285.– |

| **710** | wie vor, in Silber mit Schwertern | KM sbr | 190.– |

711   2. Klasse in Gold mit Schwertern   KM gbr   140.–

712   wie vor, in Silber mit Schwertern   KM sbr   95.–

713	wie vor, in Bronze mit Schwertern	KM vk	85.–

Für Verdienst, 1942 – 1945

714	1. Klasse in Gold	KM gbr	380.–

715	wie vor, in Silber	KM sbr	200.–

| **716** | 2. Klasse in Gold | KM gbr | 135.– |

| **717** | wie vor, in Silber | KM sbr | 110.– |
| **718** | wie vor, in Bronze | KM vk | 85.– |

Bis Anfang 1943 wurden **709 – 712**
und **714 – 717** vergoldet und versilbert.

719   Kreuz des 2. Sibir-Reiter-Regiments, emailliert   3000.–

720   Kreuz des 5. Don-Kosaken-Reiter-Regiments,
                 lackiert, 1944   KM   2250.–

721   Schulabzeichen der Jungkosaken des
                 XV. Kosaken-Kavallerie-Korps   E   2400.–

722   Abzeichen der 1. Offizier-Schule der ROA (POA),
                 in Gold, teillackiert   KM   3000.–

723   wie vor, in Silber   vs   2000.–

724   wie vor, in Bronze   Br   1800.–

	719 – **725** sind keine Auszeichnungen, sondern Traditionsabzeichen		
725	Erinnerungsmedaille für die spanischen Freiwilligen der Blauen Division, 1944	KM vg	200.–

Auszeichnungen an Deutsche

725/1	Medalla de Campagna 1936 aus Spanien an Soldaten der Legion Condor	KM vg	60.–
726	Italienisch-deutsche Afrika-Feldzugsmedaille, silberne Medaille, 1942 – 1944	BM vs KM vs	100.– 70.–

727	wie vor, bronzene Medaille	Br Zn	70.– 55.–

728	Finnisch-deutsches Nordfront-Kreuz 1941 – 1943, schwarz emailliert, Schraubscheibe (1943)	BM vs/vg	200.–

729	wie vor, weiß emailliert	BM vs/vg	215.–
730	Finnisch-deutsches Lapplandkreuz, 1941–1943, weiß emailliert, Schraubscheibe	BM vs/vg	280.–
731	wie vor, blau emailliert	BM vs/vg	280.–

| **732** | Finnisch-deutsches Eismeerkreuz 1941–1943, schwarz emailliert, Schraubscheibe | BM vs/vg | 555.– |

oder

| 1 | 3 / 5 / 6 / 8 | 10 / 12 | 34 |

14 / 15 / 17 / 19 – 21   25 – 31

32 / 33

36 – 38

40

44 / 46

48

49 – 50

51 – 56

57

58 – 59

60

61 – 62

63 – 66 / 70 / 74 / 75 / 78 / 79
467 – 476 / 479 / 480

67 – 68

oder

67 – 68

69

71

72 / 76

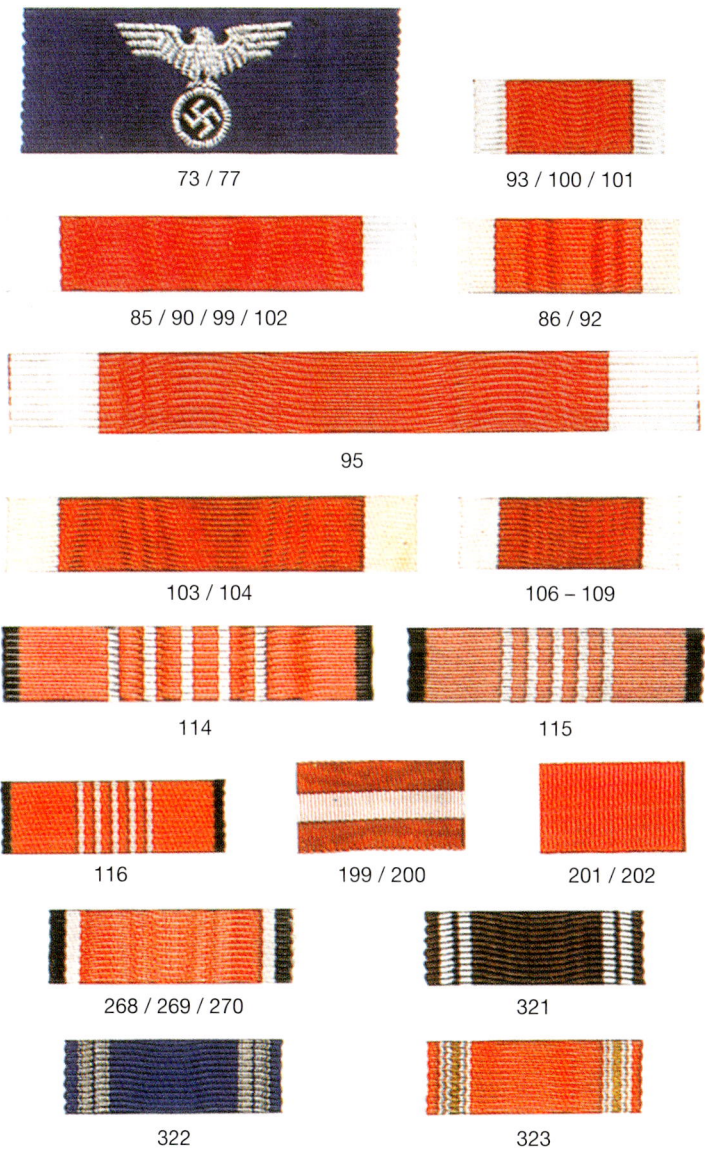

73 / 77

93 / 100 / 101

85 / 90 / 99 / 102

86 / 92

95

103 / 104

106 – 109

114

115

116

199 / 200

201 / 202

268 / 269 / 270

321

322

323

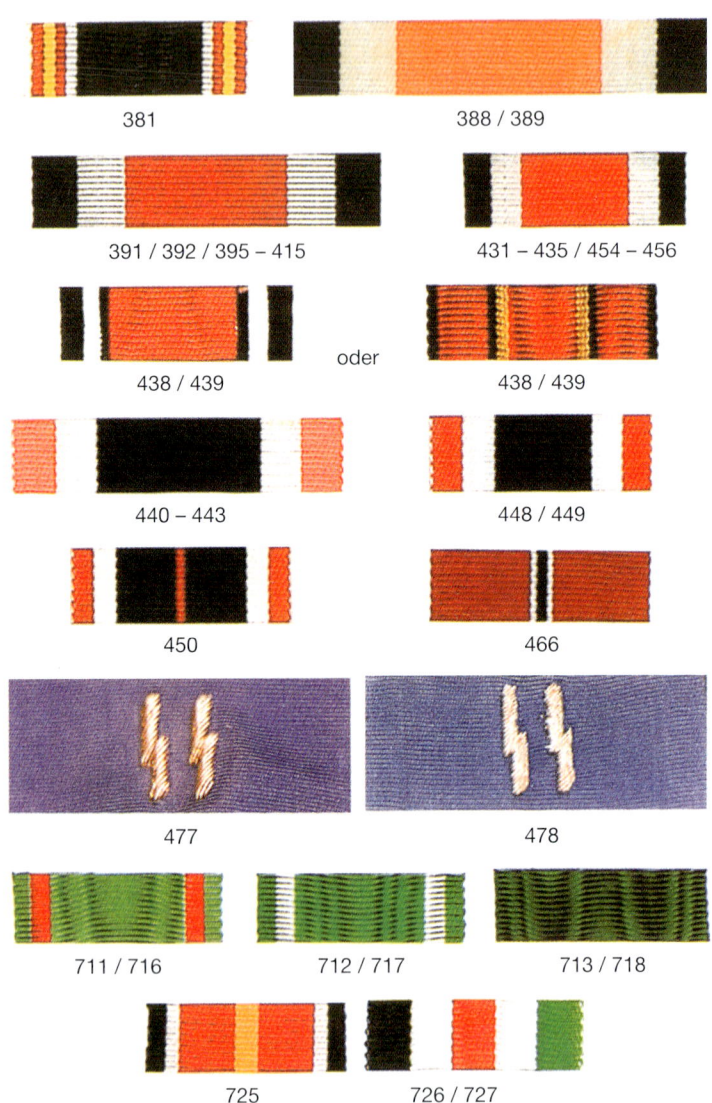

381

388 / 389

391 / 392 / 395 – 415

431 – 435 / 454 – 456

438 / 439   oder   438 / 439

440 – 443

448 / 449

450

466

477

478

711 / 716

712 / 717

713 / 718

725

726 / 727

Deutsche Demokratische Republik 1949 – 1990

Orden

1000	Karl-Marx-Orden, 1953, Gold 900, mit Verleihungsnummer	12.000.–
1001	wie vor, Gold 900, ohne Verleihungsnummer	4.000.–

1002	wie vor, Gold 333	2.000.–
1003	Bronze vergoldet (für Kollektive bzw. Zweitstücke)	1.000.–
1004	Ehrenspange zum Vaterländischen Verdienstorden, 1965, Gold	8.000.–

1005	wie vor, Buntmetall, vergoldet	250.–
1006	Vaterländischer Verdienstorden, 1954, Gold	3.500.–

1007   wie vor, Buntmetall, vergoldet   600.–

1008   wie vor, lösbare Verbindung   300.–

1009   Silber   400.–

1010   wie vor, Buntmetall, versilbert   120.–

1011   wie vor, lösbare Verbindung   80.–

1012   Bronze   100.–

1013   wie vor, lösbare Verbindung   40.–

1014   Orden „Banner der Arbeit", 1954,
mit Verleihungsnummer, nur in einer Stufe   1.300.–

1015   wie vor, ohne Verleihungsnummer   250.–

1016   wie vor, Stufe I   60.–

1017   wie vor, Stufe II   40.–

1018   wie vor, Stufe III   25.–

1019	Orden „Großer Stern der Völkerfreundschaft",	
	1959, Dekoration mit Stern und Band, Gold	40.000.–
1020	wie vor, Buntmetall, vergoldet	3.000.–

1021   wie vor, Dekoration mit Kleinod am Band und
                Bruststern, Buntmetall, vergoldet   6.000.–

1022	Stern der Völkerfreundschaft, Gold	12.000.–
1023	wie vor, Buntmetall, vergoldet	500.–
1024	wie vor, Silber	7.500.–

| **1025** | wie vor, Buntmetall, versilbert | 400.– |

1026	Scharnhorst-Orden, 1966, Silber, vergoldet	7.000.–
1027	wie vor, Buntmetall, vergoldet	2.000.–
1028	Kampforden „Für Verdienste um Volk und Vaterland", 1966, Silber, vergoldet	500.–

| **1029** | wie vor, Buntmetall, vergoldet | 120.– |

| **1030** | wie vor, Silber | 400.– |
| **1031** | wie vor, Buntmetall, versilbert | 60.– |

| **1032** | wie vor, Bronze | 35.– |
| **1033** | Blücher-Orden für Tapferkeit, 1968 (nicht verliehen) Silber, vergoldet | 3.000.– |

1034   wie vor, Buntmetall, vergoldet   1.500.–

1035   wie vor, Silber   2.000.–

1036   wie vor, Buntmetall, versilbert   1.000.–

1037   wie vor, Bronze   1.000.–

1038   Militärischer Verdienstorden, 1982, vergoldet   2.500.–

1039   wie vor, versilbert   2.000.–

1040   wie vor, Bronze   1.800.–

Preise

1041   Nationalpreis der DDR, 1949, (Revers: Deutscher
             Nationalpreis im Goethejahr 1949), Gold   12.000.–
             Die ersten Nationalpreise wurden an einem
             ca. 40 x 24 mm großen schwarzrotgelben
             Band verliehen.

1042   wie vor, mit Jahreszahl 1950, Gold   3.500.–

1043   wie vor, mit Jahreszahl 1951 – 58,
                1960 und 1962, Gold   2.000.–

1044   wie vor, ohne Jahreszahl, Gold   1.600.–
1045   wie vor, (Revers: Nationalpreis), Gold   1.600.–

1046	wie vor, Buntmetall, vergoldet	300.–
1047	Heinrich-Greif-Preis, 1951, I. Klasse, Silber, Revers mit Angabe der Klasse	2.500.–

| **1048** | wie vor, Buntmetall, versilbert | 2.600.– |

1049	wie vor, II. Klasse, Silber	2.500.–
1050	wie vor, Buntmetall, versilbert	2.600.–
1051	wie vor, III. Klasse, Silber	2.500.–
1052	wie vor, Buntmetall, versilbert	2.600.–

1053   wie vor, ohne Angabe der Klassen, Buntmetall,
                  versilbert oder vernickelt   450.–

1054   Lessing-Preis, 1954, Silber, zusammen mit
                  in Urkundenmappe eingelegter nicht tragbarer
                  Bronzemedaille   5.000.–

1055   wie vor, Buntmetall, versilbert   1.400.–

1056   wie vor, Revers verändert, versilbert oder vernickelt   1.200.–

1057   Preis für künstlerisches Volksschaffen, 1955,
                  I. Klasse, Silber, Revers mit Inschrift und
                  Jahreszahl (1956 – 70)   1.400.–

1058   wie vor, ohne Jahreszahl   1.000.–

1059   wie vor, Buntmetall, versilbert oder vernickelt   250.–

1060   wie vor, II. Klasse, Bronze, Revers mit Inschrift
              und Jahreszahl (1956 – 70)   800.–

1061   wie vor, ohne Jahreszahl   200.–

1062   Heinrich-Heine-Preis, 1956, Silber   3.000.–

1063   wie vor, Buntmetall, versilbert   1.200.–

1064   wie vor, Revers verändert, vernickelt   1.000.–

1065   Ćišinski-Preis, 1956, I. Klasse, Silber, vergoldet   1.200.–

1066   wie vor, Buntmetall, vergoldet   500.–

1067	wie vor, Avers und Revers verändert, Buntmetall, vergoldet oder vermessingt	500.–
1068	wie vor, II. Klasse, Silber	1.000.–

1069	wie vor, Buntmetall, versilbert	400.–

1070	wie vor, Avers und Revers verändert, Buntmetall, versilbert oder vernickelt	400.–

1071	Johannes-R.-Becher-Preis, 1958, Silber, Revers mit Datum (22. Mai 1961)	3.500.–
1072	wie vor, Silber, Revers ohne Datum	3.000.–

1073	wie vor, Buntmetall, versilbert oder vernickelt, Revers verändert	1.200.–
1074	Kunstpreis der DDR, 1959, Silber	1.500.–

1075	wie vor, Buntmetall, versilbert oder vernickelt	500.–
1076	Rudolf-Virchow-Preis, 1960, (nicht tragbar mit Anstecknadel), Silber	2.500.–

1077   wie vor, Buntmetall, versilbert oder vernickelt   300.–

1078   GutsMuths-Preis, 1961 (nicht tragbar),
                I. Klasse, Silber   1.500.–

1079   wie vor, Buntmetall, versilbert   400.–

1080   wie vor, II. Klasse, Silber   1.500.–

1081   wie vor, Buntmetall, versilbert   400.–

1082   wie vor, III. Klasse, Silber   1.500.–

1083   wie vor, Buntmetall, versilbert   400.–

1084   wie vor, ohne Angabe der Klassen
                Buntmetall, versilbert oder vernickelt   300.–

1085   wie vor, Revers verändert   300.–

1086   Friedrich-Engels-Preis, 1970,
                I. Klasse, Silber, vergoldet   1.500.–

1087   wie vor, Buntmetall, vergoldet oder vermessingt   250.–

1088   wie vor, II. Klasse, Silber   1.000.–

1089   wie vor, Buntmetall, versilbert oder vernickelt   200.–

1090   wie vor, III. Klasse, Bronze   250.–

1091   Theodor-Körner-Preis, 1970, Silber   1.800.–

1092   wie vor, Buntmetall, versilbert oder vernickelt   450.–

1093   Architekturpreis der DDR, 1976,
                  versilbert oder vernickelt   400.–

1094   Designpreis der DDR, 1978, versilbert oder vernickelt   1.500.–

1095 Jacob-und-Wilhelm-Grimm-Preis der DDR,
1979 (nicht tragbar), Meißner Porzellan 3.000.–

Ehrentitel

1096 a   Aktivist des Zweijahresplanes
für die Industrie, 1. Form 1948   200.–

1096 b   Aktivist des Zweijahresplanes
für die Industrie, 2. Form 1949   50.–

1097 a   Aktivist des Zweijahresplanes
für die Landwirtschaft, 1949   200.–

1097 b   Aktivist des Zweijahresplanes für die Landwirtschaft
(Verleihung ungewiss, es könnte sich hierbei
auch um ein Muster handeln)   1.000.–

1098   Verdienter Lehrer des Volkes, 1949, Silber, vergoldet,
Revers mit Jahreszahl (1949 – 53)   1.200.–

1099   wie vor, ohne Jahreszahl   750.–

1100   wie vor, Buntmetall, vergoldet   300.–

1101   wie vor, Revers verändert, Buntmetall,
vergoldet oder vermessingt   200.–

1102   Verdienter Arzt des Volkes, 1949, Bronze
Revers mit Jahreszahl (1949, 1950), an Bandschleife   3.000.–

1103   wie vor, Revers mit Jahreszahl (1951 – 58),
                an Bandspange   1.800.–

1104   wie vor, Silber, Avers und Revers verändert   1.000.–

1105   wie vor, Buntmetall, versilbert   500.–

1106   wie vor, Revers verändert, Buntmetall,
                versilbert oder vernickelt   500.–

1107 Held der Arbeit, 1950, Silber,
Medaille am langen Band 25.000.–

1108 wie vor, bandbezogene oder metallgefasste Spange,
wurde 1954 gegen den Stern ausgetauscht 18.000.–

1109 wie vor, Stern, Silber, Revers mit Verleihungsjahr
und Verleihungsnummer 1.500.–

1110	wie vor, ohne Verleihungsjahr	2.000.–
1111	wie vor, ohne Verleihungsnummer	1.200.–
1112	wie vor, Buntmetall, vergoldet	350.–

1113   Verdienter Aktivist, 1950, Medaille mit Schraube,
ohne Tragespange   1.200.–

| **1114** | wie vor, Medaille an Tragespange | 350.– |
| **1115** | wie vor, Avers verändert | 50.– |

1116   wie vor, Revers verändert   30.–

1117   Verdienter Erfinder, 1950, Medaille mit Schraube,
ohne Tragespange   3.000.–

1118   wie vor, Medaille an Tragespange   750.–
1119   wie vor, Avers verändert   250.–

1120   wie vor, Revers verändert   350.–

1121   Verdienter Bergmann der DDR, 1950, Silber,
               Bandspange, Revers mit Verleihungsjahr (1951, 1952) 2.800.–

1122   wie vor, Metallspange, Revers mit Verleihungsjahr
               (1953 – 57)   1.600.–

1123   wie vor, Revers ohne Verleihungsjahr   1.200.–

1124   wie vor, Buntmetall, versilbert oder vernickelt   500.–

1125	Meisterhauer, 1950, Bandspange,
	Avers mit Verleihungsjahr, bronzefarben (1950 – 52) 2.000.–

1126	wie vor, Metallspange, Avers mit Verleihungsjahr
	(1953 – 57) 1.400.–
1127	wie vor, Avers ohne Verleihungsjahr, dieses in
	Metallspange, goldfarben,
	(so nur 1978 und 1979 verliehen) 600.–
1128	wie vor, bronzefarben 400.–

1129   Verdienter Eisenbahner, 1950, farbig emailliert,
              wurde 1955 gegen die runde Medaille ausgetauscht   3.500.–

1130   wie vor, runde Medaille, Buntmetall, vergoldet,
              Avers mit Verleihungsjahr (1951 – 65)   800.–

1131   wie vor, Avers ohne Verleihungsjahr   500.–

1132   Hervorragender Wissenschaftler des Volkes,
              1951, Gold   8.000.–

1133   wie vor, Buntmetall, vergoldet   1.000.–

1134   Verdienter Techniker des Volkes, 1951, Metallspange   1.200.–

1135   wie vor, bronzefarben mit Stoffspange   450.–

1136   wie vor, goldfarben   300.–

1137   wie vor, Revers verändert   250.–

1138	Meisterbauer, 1951, Revers mit Verleihungsjahr (1951, 1954)	400.–
1139	wie vor, ohne Verleihungsjahr	650.–
1140	Verdienter Züchter, 1952, Revers mit Verleihungsjahr (1952 – 59), emaillierte Tragespange	3.000.–

1141	wie vor, ohne Jahreszahl	1.500.–
1142	wie vor, mit Stoffspange	1.000.–

1143	wie vor, Revers verändert	800.–

1144   Verdienter Tierarzt, 1952, Revers mit Verleihungsjahr
(1952 – 61)   3.000.–

1145   wie vor, ohne Jahreszahl   1.500.–

1146   wie vor, Revers verändert, mit Stoffspange   1.000.–

1147   wie vor, Revers verändert (ohne Umschrift DDR)   800.–

1148   Verdienter Meister, 1953   100.–

1149   Bester Meister, 1953, (Verleihung ungewiss,
                es könnte sich hierbei auch um Muster handeln)
                emailliertes Abzeichen, Bauindustrie   1.500.–

1150   wie vor, Baustoffindustrie   1.500.–

1151   wie vor, Berg- und Hüttenwesen   1.500.–
1152   wie vor, Chemische Industrie   4.000.–

1153   wie vor, Eisenbahn   1.800.–

1154   wie vor, Kohle und Energie   1.500.–

1155   wie vor, Kraftverkehr und Straßenwesen   1.500.–

1156   wie vor, Land- und Forstwirtschaft   1.500.–

1157   wie vor, Lebensmittelindustrie   1.500.–

1158   wie vor, Leichtindustrie   1.500.–

1159   wie vor, Maschinenbau   1.500.–

1160   wie vor, Pharmazie   3.000.–

1161   wie vor, Schwerindustrie   1.500.–

1162   Aktivist des Fünfjahrplanes, 1951, Stoffspange
                mit Verleihungsjahr (1951,1952)   20.–

1163   wie vor, Metallspange, Aluminium, bronziert
                mit Verleihungsjahr (1952 – 55)   10.–

1164   wie vor, Aluminium, vergoldet
                mit Verleihungsjahr (1956 – 59)   10.–

1165   wie vor, Miniaturnadel   40.–

1166   Hervorragender Genossenschaftler, 1954,
                Revers mit Verleihungsnummer   750.–

1167   wie vor, ohne Verleihungsnummer   120.–

1168   wie vor, Revers geändert   80.–

1169   Brigade der hervorragenden Leistung, 1954   600.–

1170	Verdienter Meister des Sports, 1954, Silber, vergoldet	450.–
1171	wie vor, Buntmetall, vergoldet oder vermessingt	200.–

1172	Meister des Sports, Abzeichen, 1953 (Das Abzeichen wurde 1955 gegen die Medaille umgetauscht.)	1.500.–

1173	wie vor, Medaille, Silber	400.–
1174	wie vor, Buntmetall, versilbert oder vernickelt	350.–

1175   Hervorragende Jugendbrigade der DDR, 1955,
                 emailliertes Abzeichen   450.–

1176   wie vor, gestickte Form   500.–

1177   wie vor, Medaille mit Stoffspange   500.–

1178   wie vor, Avers verändert   400.–

1179   wie vor, gestickte Form   500.–

1180   Brigade der sozialistischen Arbeit, 1959 (Drahtöse)   150.–

1181   wie vor, angeprägte Öse   130.–

1182   wie vor, gestickte Form für Forstwirtschaft   500.–

1183   Gemeinschaft der sozialistischen Arbeit, 1960 (Drahtöse)   200.–

1184   wie vor, angeprägte Öse   50.–

1185 Meisterbauer der genossenschaftlichen
Produktion, 1960   100.–

1186 Hervorragender Jungaktivist, 1960, farbig
emaillierter Rhombus an Metallspange   1.000.–

1187 wie vor, runde Medaille an Stoffspange,
versilbert oder vernickelt   100.–

1188   Aktivist des Siebenjahrplanes, 1960 mit Verleihungsjahr
                (1960 – 66) und ohne Verleihungsjahr   10.–

1189   wie vor, Miniaturnadel   50.–

1190   Kollektiv der sozialistischen Arbeit, 1962,
                Metallspange (rot mit schwarzrotgold)   30.–

1191   wie vor, Spange mit Jahreszahl (1963-66)   15.–

1192   wie vor, Spange mit Staatswappen   5.–

1193   wie vor, Spange für zweifache Verleihung   5.–

1194   wie vor, Spange für dreifache Verleihung   5.–

1195   wie vor, Spange für vierfache Verleihung   10.–

1196   wie vor, Spange für fünffache Verleihung
mit Jahreszahl 1971 – 1975   5.–

1197   wie vor, Spange für fünffache Verleihung ohne Jahreszahl   5.–

1198   Hervorragendes Jugendkollektiv der DDR, 1963,
               farbloser Schriftring   150.–

1199   wie vor, gestickte Form   500.–

1200   wie vor, schwarzer Schriftring   30.–

1201   Verdienter Seemann, 1965   300.–

1202   Verdienter Volkspolizist der DDR, 1966   750.–

1203   Aktivist der sozialistischen Arbeit, 1969,
             Metallspange (rot)   5.–

1204   wie vor, Spange mit Staatswappen   5.–

1205   wie vor, Spange für zweifache Verleihung   5.–

1206   wie vor, Miniaturnadel   50.–
Diese Miniaturnadel wurde beim Treffen von Bundeskanzler H.
Schmidt mit E. Honecker im Dezember 1981 während des
Besuches in Güstrow auch von den Personenschützern des
Ministeriums für Staatssicherheit als Erkennungsabzeichen
getragen.

1207   Verdienter Mitarbeiter der Staatssicherheit, 1969   2.000.–

1208 Verdienter Mitarbeiter der Zollverwaltung
der DDR, 1972   600.–

1209 Verdienter Bauarbeiter der DDR, 1972   250.–

1210 Verdienter Militärflieger der DDR, 1974,
rechteckige Spange   2.000.–

1211   wie vor, pentagonale Spange   1.500.–

1212   Verdienter Metallurge der DDR, 1975   300.–

1213   Verdienter Werktätiger der Leicht-, Lebensmittel-
und Nahrungsgüterindustrie der DDR, 1975   150.–

1214   Verdienter Metallarbeiter der DDR, 1975   180.–

1215   Verdienter Chemiearbeiter der DDR, 1975   150.–

1216   Verdienter Energiearbeiter der DDR, 1975   350.–

1217   Verdienter Werktätiger des Post- und
                Fernmeldewesens der DDR, 1975   1.200.–

1218   Verdienter Mitarbeiter des Handels der DDR, 1975   150.–

1219   Verdienter Werktätiger des Verkehrswesens
                der DDR, 1975   200.–

1220   Verdienter Werktätiger des Bereiches der haus-
und kommunalwirtschaftlichen Dienstleistungen
der DDR, 1975   150.–

1221   Verdienter Hochschullehrer der DDR, 1975   1.500.–

1222   Held der DDR, 1975, 1. Form ohne Brillanten   12.000.–

1223   wie vor, 2. Form mit Brillanten, Gold 900   35.000.–

1224   wie vor, Gold 333   10.000.–

| **1225** | wie vor, Silber vergoldet | 8.000.– |
| **1226** | wie vor, Buntmetall, vergoldet (Tragestücke) | 5.000.– |

| **1227** | wie vor, Tragespange für zweifache Verleihung | 10.000.– |

| **1228** | Verdienter Angehöriger der Nationalen Volksarmee, 1975, 1. Form | 1.800.– |

1229   wie vor, 2. Form   800.–

1230   Verdienter Angehöriger der Grenztruppen der DDR,
             1975, 1. Form   1.800.–

1231   wie vor, 2. Form   800.–

1232   Verdienter Genossenschaftsbauer der DDR, 1977   500.–

1233   Verdienter Werktätiger der Land- und Forstwirtschaft
                der DDR, 1977   500.–

1234　Verdienter Angehöriger der Zivilverteidigung
der DDR, 1977　　　　　　　　　　　　　　　1.400.–

1235　Fliegerkosmonaut der DDR, 1978,
1. Form mit Flugdatum　　　　　　　　　　　20.000.–

1236　wie vor, ohne Flugdatum　　　　　　　18.000.–

1237   wie vor, 2. Form mit Flugdatum   20.000.–

1238   wie vor, ohne Flugdatum   18.000.–

1239   Verdienter Mitarbeiter der Planungsorgane
                der DDR, 1978   700.–

1240 Verdienter Mitarbeiter des Finanzwesens
der DDR, 1978   700.–

1241 Verdienter Mitarbeiter im außenpolitischen Dienst
der DDR, 1979   1.500.–

1242 Verdienter Wasserwirtschaftler der DDR, 1979   400.–

1243	Verdienter Jurist der DDR, 1979	1.200.–
1244	Verdienter Volkskontrolleur der DDR, 1981	1.200.–

1245   Verdienter Mitarbeiter des Gesundheitswesens
der DDR, 1985   300.–

Medaillen

1246   Ehrenzeichen der Deutschen Volkspolizei, 1949,
Abzeichen mit Inschrift in der Fahne   250.–

1247   wie vor, ohne Inschrift in der Fahne   300.–

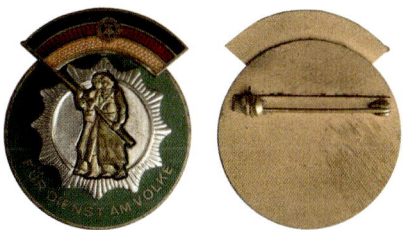

1248   wie vor, mit Staatswappen in der Fahne   600.–

1249   wie vor, Medaille an pentagonaler Spange   50.–

1250   Medaille für Verdienste um das Grubenrettungswesen,
                 1951, Aluminium, bronziert   1.300.–

1251   wie vor, Buntmetall, bronzefarben   800.–

1252   wie vor, Buntmetall, vergoldet   800.–

1253   wie vor, Revers verändert   800.–

1254   wie vor, nur silberfarbene Auflage für
                 zweimalige Verleihung   2.000.–

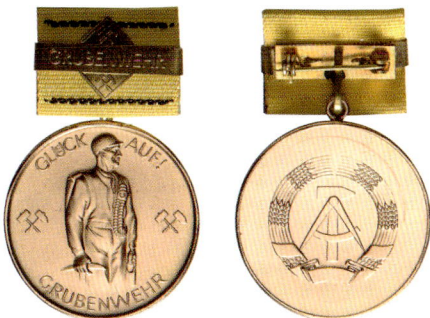

1255   wie vor, nur goldfarbene Auflage für
dreimalige Verleihung   3.000.–

1256   Medaille für ausgezeichnete Leistungen, 1951,
Stoffspange mit Verleihungsjahr (1951,1952)   50.–

1257   wie vor, Metallspange, Aluminium bronziert,
Avers mit Motiv des Fünfjahrplanes,
mit Verleihungsjahr (1952 – 55)   15.–

1258   wie vor, Aluminium vergoldet,
                mit Verleihungsjahr (1956 – 59)   10.–

1259   wie vor, Miniaturnadel   50.–

1260   wie vor, Avers mit Motiv des Siebenjahrplanes,
                mit Verleihungsjahr (1960 – 66)
                und ohne Verleihungsjahr   10.–

1261   wie vor, Miniaturnadel   100.–

1262   Medaille für ausgezeichnete Leistungen im Wettbewerb,
                1953, emailliertes Abzeichen, Außenhandel   350.–

1263   wie vor, Bauindustrie   230.–

1264   wie vor, Baustoffindustrie   230.–

1265   wie vor, Berg- und Hüttenwesen   230.–

1266   wie vor, Chemische Industrie   300.–

1267   wie vor, Deutsche Post   250.–

1268   wie vor, Eisenbahn, Motiv Flügelrad   1.500.–

1269   wie vor, Motiv Lokomotive   1.000.–

1270   wie vor, Kohle und Energie   230.–

1271   wie vor, Konsumgenossenschaft   230.–

1272   wie vor, Kraftverkehr und Straßenwesen   230.–

1273   wie vor, Kultur   230.–

1274   wie vor, Land- und Forstwirtschaft   230.–

1275   wie vor, Lebensmittelindustrie   230.–

1276   wie vor, Leichtindustrie   230.–

1277   wie vor, Maschinenbau   230.–

1278   wie vor, Metallurgie, (Verleihung ungewiss, es könnte
                sich hierbei auch um ein Muster handeln)   1.500.–

1279   wie vor, Pharmazie   1.000.–

1280   wie vor, Schifffahrt   250.–

1281   wie vor, Schwerindustrie   230.–

1282   wie vor, Staatliche Geologische Kommission   3.000.–

1283   wie vor, Staatlicher Einzelhandel   230.–

1284   wie vor, Staatlicher Großhandel   230.–

1285   wie vor, VEAB   230.–

1286   wie vor, Wasserwirtschaft   230.–

1286 a   Amt für Technik   4.000.–

1287   wie vor, Medaille an Stoffspange,
                 einheitliches Motiv, 1964   5.–

1288   Clara-Zetkin-Medaille, 1954, Silber   300.–

1289   wie vor, Revers verändert   250.–
1290   wie vor, Buntmetall versilbert   130.–

1291   wie vor, Revers verändert   100.–

1292   Carl-Friedrich-Wilhelm-Wander-Medaille,
             1954, Silber, vergoldet   2.500.–

1293   wie vor, Silber   1.000.–

1294   wie vor, Bronze   500.–

1295   Medaille für vorbildlichen Grenzdienst, 1954,
                  Revers mit Verleihungsnummer   200.–

1296   wie vor, ohne Verleihungsnummer   80.–

1297   wie vor, Avers und Revers verändert   40.–

1298   Leistungsabzeichen der Deutschen Grenzpolizei,
             1954, oval, mit Verleihungsnummer   450.–

1299   wie vor, ohne Verleihungsnummer   150.–

1300   wie vor, rund, neue Gestaltung   30.–

| **1301** | Leistungsabzeichen der Kasernierten Volkspolizei, 1954, mit Verleihungsnummer | 300.– |
| **1302** | wie vor, ohne Verleihungsnummer | 120.– |

| **1303** | Medaille für treue Dienste in der Kasernierten Volkspolizei, 1954, mit Verleihungsnummer | 100.– |
| **1304** | wie vor, ohne Verleihungsnummer | 500.– |

1305   Rettungsmedaille, 1954, Silber, ovale Medaille
am Stoffband   1.000.–

1306   wie vor, runde Medaille, rechteckige Spange,   1.000.–

1307   wie vor, Buntmetall, versilbert oder vernickelt   400.–

1308   Medaille für die Bekämpfung der
Hochwasserkatastrophe im Juli 1954, 1954   500.–

1309   Medaille „Für treue Dienste" in der Deutschen
Volkspolizei, 1955, Stufe II   800.–

1310   wie vor, Stufe III   40.–

1311	Hans-Beimler-Medaille, 1956, Silber	1.500.–
1312	wie vor, Buntmetall, versilbert	1.700.–
1313	Verdienstmedaille der Nationalen Volksarmee, 1956, Silber, vergoldet, mit Verleihungsnummer	550.–
1314	wie vor, ohne Verleihungsnummer	150.–

1315	wie vor, Buntmetall, vergoldet oder vermessingt	40.–
1316	wie vor, Silber, mit Verleihungsnummer	200.–
1317	wie vor, ohne Verleihungsnummer	60.–

| **1318** | wie vor, Buntmetall, versilbert oder vernickelt | 20.– |
| **1319** | wie vor, bronzefarben, mit Verleihungsnummer | 80.– |

| **1320** | wie vor, ohne Verleihungsnummer | 10.– |

1321   Leistungsabzeichen der Nationalen Volksarmee, 1956,
mit Verleihungsnummer, Fahne ohne Staatswappen   550.–

1322   wie vor, Staatswappen nachträglich eingeschlagen   200.–

1323   wie vor, mit Staatswappen   10.–

1324   Medaille für treue Dienste in der Nationalen Volksarmee,
1956, für 20 Dienstjahre, Silber, vergoldet   350.–

1325   wie vor, Buntmetall, vergoldet oder vermessingt   20.–

1326   wie vor, für 15 Dienstjahre, Silber, vergoldet   40.–

1327   wie vor, Buntmetall, vergoldet oder vermessingt   15.–

1328   wie vor, für 10 Dienstjahre, Silber,
                  Fahne ohne Staatswappen   1.000.–
1329   wie vor, Fahne mit Staatswappen   25.–

| **1330** | wie vor, Buntmetall, versilbert oder vernickelt | 10.– |
| **1331** | wie vor, für 5 Dienstjahre, bronzefarben, Fahne ohne Staatswappen, mit Verleihungsnummer | 100.– |

| **1332** | wie vor, Fahne mit Staatswappen, ohne Verleihungsnummer | 5.– |
| **1333** | Nummer entfällt | |

1334   Verdienstmedaille der Deutschen Reichsbahn,
           1956, Stufe III, gebogene Stoffspange   50.–

1335   Nummer entfällt

1336   wie vor, Stufe II, gebogene Stoffspange   30.–

1337   wie vor, Stufe I, flache Stoffspange   150.–

1338   wie vor, gebogene Stoffspange   20.–

1339   Medaille für treue Dienste bei der Deutschen
           Reichsbahn, 1956, Ehrenspange   30.–

1340   wie vor, für 50/30 Dienstjahre, runde Medaille
           an flacher Bandspange, vergoldet   100.–

1341   wie vor, gebogene Bandspange   60.–

1342   wie vor, Revers verändert, vergoldet oder vermessingt   15.–

1343 wie vor, für 40/20 Dienstjahre,
flache Bandspange, versilbert 50.–

1344 wie vor, gebogene Bandspange 40.–

1345 wie vor, Revers verändert, versilbert oder vernickelt 10.–

1346 wie vor, für 25/10 Dienstjahre, flache Bandspange,
bronzefarben 30.–

1347 wie vor, gebogene Bandspange 30.–

1348 wie vor, Revers verändert 5.–

1349   Pestalozzi-Medaille für treue Dienste, 1956,
               für 40/30 Dienstjahre, Buntmetall oder Eisen,
               vergoldet oder vermessingt   15.–

1350   wie vor, für 25/20 Dienstjahre, versilbert oder vernickelt   10.–

1351   wie vor, für 10 Dienstjahre, bronzefarben   8.–

1352   Medaille für selbstlosen Einsatz bei der Bekämpfung
               von Katastrophen, 1957   75.–

1353   wie vor, Avers und Revers verändert   30.–

1354 Medaille für Teilnahme an den bewaffneten
Kämpfen der deutschen Arbeiterklasse in den
Jahren 1918 – 1923, 1957   200.–

1355 Medaille für Kämpfer gegen den Faschismus
1933 – 1945, 1958   50.–

1356 Hufeland-Medaille, 1958, nur in einer Stufe, versilbert   100.–

1357 wie vor, drei Stufen, vergoldet   100.–

1358 wie vor, versilbert   50.–

1359 wie vor, bronzefarben   40.–

1360   Medaille für treue Dienste in den bewaffneten
              Organen des Ministeriums des Innern, 1959,
              für 30 Dienstjahre   20.–

1361   wie vor, für 25 Dienstjahre   15.–

| **1362** | wie vor, für 20 Dienstjahre | 12.– |
| **1363** | wie vor, für 15 Dienstjahre, ohne Staatswappen | 15.– |

| **1364** | wie vor, mit Staatswappen | 13.– |

| **1365** | wie vor, für 10 Dienstjahre, ohne Staatswappen | 13.– |
| **1366** | wie vor, mit Staatswappen | 10.– |

| **1367** | wie vor, für 5 Dienstjahre, ohne Staatswappen | 10.– |
| **1368** | wie vor, mit Staatswappen | 8.– |

1369 Medaille für treue Dienste in der Freiwilligen
Feuerwehr, 1959, für 40 Dienstjahre 30.–

1370 wie vor, für 40/30 Dienstjahre 20.–

1371 wie vor, für 25/20 Dienstjahre 15.–

1372 wie vor, für 10 Dienstjahre 10.–

1373 Medaille für ausgezeichnete Leistungen in den
landwirtschaftlichen Produktionsgenossenschaften,
1959 10.–

1374   Verdienstmedaille der DDR, 1959   15.–

1375   Medaille für ausgezeichnete Leistungen in den
              bewaffneten Organen des Ministeriums des Innern,
              1959, ohne Staatswappen   20.–

1376	wie vor, mit Staatswappen	15.–
1377	Dr.-Theodor-Neubauer-Medaille, 1959, vergoldet oder vermessingt	50.–
1378	wie vor, versilbert oder vernickelt	30.–
1379	wie vor, bronzefarben	20.–
1380	Treuedienstmedaille der Deutschen Post, 1960, Ehrenspange (zwei verschiedene Formen)	30.–
1381	wie vor, für 45 (Frauen) oder 50 (Männer) Dienstjahre, Aluminium, goldfarben	100.–

1382	wie vor, für 40 Dienstjahre, Aluminium, silberfarben	60.–
1383	wie vor, für 25 Dienstjahre, Aluminium, bronzefarben	30.–
1384	wie vor, für 40/30 Dienstjahre, Buntmetall oder Eisen, vergoldet oder vermessingt	20.–
1385	wie vor, Revers verändert, Buntmetall, vergoldet	50.–

1386	wie vor, für 25/20 Dienstjahre, Buntmetall oder Eisen, versilbert oder vernickelt	20.–
1387	wie vor, Revers verändert, Buntmetall, versilbert	40.–
1388	wie vor, für 10 Dienstjahre, Buntmetall oder Eisen, bronzefarben	10.–
1389	wie vor, Revers verändert, Buntmetall, bronzefarben	30.–

1390	Verdienstmedaille der Kampfgruppen der Arbeiterklasse, 1961, nur in einer Stufe, bronzefarben	40.–

1391	wie vor, drei Stufen, vergoldet oder vermessingt	40.–
1392	wie vor, versilbert oder vernickelt	25.–
1393	wie vor, bronzefarben	10.–
1394	Leistungsabzeichen der Grenztruppen der DDR, 1962 (identisch mit Nr. 1300)	30.–

1395	wie vor, Miniaturnadel	60.–

1396	Medaille für treue Dienste in der zivilen Luftfahrt, 1962, Ehrenspange	250.–

| **1397** | wie vor, für 10 Dienstjahre, versilbert | 80.– |
| **1398** | wie vor, für 5 Dienstjahre, bronzefarben | 50.– |

1399	wie vor, für 30 Dienstjahre, vergoldet	150.–
1400	wie vor, für 20 Dienstjahre, vergoldet	120.–
1401	wie vor, für 15 Dienstjahre, vergoldet	100.–
1402	wie vor, für 10 Dienstjahre, versilbert	70.–
1403	wie vor, für 5 Dienstjahre, bronzefarben	40.–
1404	Verdienstmedaille der Seeverkehrswirtschaft, 1965, vergoldet	60.–
1405	wie vor, versilbert	40.–

| **1406** | wie vor, bronzefarben | 20.– |

1407 Medaille für treue Dienste in der Seeverkehrswirtschaft,
1965, Ehrenspange 40.–

1408 wie vor, für 40/30 Dienstjahre, vergoldet 70.–

1409 wie vor, für 25/20 Dienstjahre, versilbert 25.–

1410 wie vor, für 15/10 Dienstjahre, bronzefarben 15.–

1411 Erinnerungsmedaille 20. Jahrestag –
demokratische Bodenreform, 1965 30.–

1412 Medaille für Verdienste in der Rechtspflege,
1965, vergoldet rechteckige Spange 400.–

1413   wie vor, pentagonale Spange   120.–
1414   wie vor, versilbert, rechteckige Spange   300.–

1415   wie vor, pentagonale Spange   75.–
1416   wie vor, bronzefarben, rechteckige Spange   200.–
1417   wie vor, pentagonale Spange   60.–

1418   Medaille für ausgezeichnete Leistungen in den
              Kampfgruppen der Arbeiterklasse, 1965   15.–

1419	Medaille für treue Dienste in den Kampfgruppen der Arbeiterklasse, 1965, für 25 Dienstjahre, vergoldet oder vermessingt	20.–
1420	wie vor, für 20 Dienstjahre, vergoldet oder vermessingt	10.–

1421	wie vor, für 15 Dienstjahre, versilbert oder vernickelt	8.–
1422	wie vor, für 10 Dienstjahre, bronzefarben	5.–

| **1423** | Medaille der Waffenbrüderschaft, 1966, Buntmetall oder Eisen, vergoldet oder vermessingt | 75.– |
| **1424** | wie vor, versilbert oder vernickelt | 35.– |

| **1425** | wie vor, bronzefarben | 20.– |

| **1426** | Verdienstmedaille der Organe des Ministeriums des Innern, 1966, vergoldet oder vermessingt | 25.– |
| **1427** | wie vor, versilbert oder vernickelt | 15.– |

1428	wie vor, bronzefarben	10.–
1429	Verdienstmedaille der Zollverwaltung der DDR, 1967, vergoldet oder vermessingt	80.–
1430	wie vor, versilbert oder vernickelt	40.–

| **1431** | wie vor, bronzefarben | 20.– |

1432   Medaille für treue Dienste in der Zollverwaltung
                  der DDR, 1967, für 30 Dienstjahre, vergoldet
                  oder vermessingt   60.–

1433 (1275) wie vor, für 25 Dienstjahre, vergoldet oder vermessingt   70.–

1434	wie vor, für 20 Dienstjahre, vergoldet oder vermessingt	30.–
1435	wie vor, für 15 Dienstjahre, vergoldet oder vermessingt	20.–
1436	wie vor, für 10 Dienstjahre, versilbert oder vernickelt	15.–

| **1437** | wie vor, für 5 Dienstjahre, bronzefarben | 12.– |

1438   Medaille für Verdienste im Brandschutz, 1968   50.–

1439   Blücher-Medaille für Tapferkeit, 1968,
                (nicht verliehen) Silber, vergoldet   1.300.–
1440   wie vor, Buntmetall, vergoldet   500.–

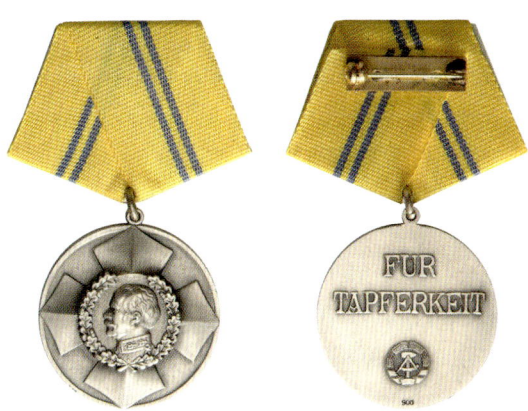

| 1441 | wie vor, Silber | 1.000.– |
| 1442 | wie vor, Buntmetall, versilbert | 400.– |

| 1443 | wie vor, Buntmetall, bronzefarben | 300.– |

1444 Medaille für hervorragende Leistungen in der
Bewegung Messen der Meister von morgen, 1969   20.–

1445 Ehrenzeichen für Körperkultur und Sport, 1969,
Silber, vergoldet   400.–

1446 Karl-Liebknecht-Medaille, 1970   60.–

1447 wie vor, Revers verändert   40.–

1448 Verdienstmedaille der Zivilverteidigung, 1970,
vergoldet oder vermessingt 50.–

1449 wie vor, versilbert oder vernickelt 30.–

1450 wie vor, bronzefarben 15.–

1451 Verdienstmedaille der Deutschen Post, 1970,
vergoldet oder vermessingt 200.–

1452 wie vor, versilbert oder vernickelt 80.–

1453 wie vor, bronzefarben 40.–

1454   Medaille „Vorbildliches Lehrlingskollektiv im
            sozialistischen Berufswettbewerb", 1970   10.–

1455   Medaille „Für sehr gute Leistungen im
            sozialistischen Berufswettbewerb", 1970   10.–

1456   Medaille für Verdienste in der Energiewirtschaft
            der DDR, 1971, vergoldet   120.–

1457   wie vor, versilbert   50.–

1458   wie vor, bronzefarben   30.–

1459   Medaille für Verdienste in der Kohleindustrie
            der DDR, 1972, vergoldet   80.–

1460   wie vor, versilbert   40.–

1461   wie vor, bronzefarben   20.–

1462   Medaille für hervorragende Leistungen im Bauwesen
der DDR, 1972, vergoldet   60.–

1463   wie vor, versilbert   40.–

1464   wie vor, bronzefarben   20.–

1465   Medaille für Verdienste in der Volkskontrolle der DDR,
1973, nur in einer Stufe, mit Metallspange   40.–

| **1466** | wie vor, mit Stoffspange | 30.– |

1467	wie vor, Avers verändert	20.–
1468	wie vor, Stufe I	30.–
1469	wie vor, Stufe II	20.–

| **1470** | wie vor, Stufe III | 15.– |

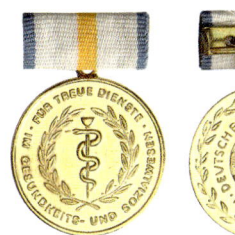

1471	Medaille für treue Dienste im Gesundheits- und Sozialwesen der DDR, 1973, vergoldet oder vermessingt	15.–
1472	wie vor, versilbert oder vernickelt	10.–
1473	wie vor, bronzefarben	5.–
1474	Medaille für langjährige Pflichterfüllung zur Stärkung der Landesverteidigung der DDR, 1974, für 35 (Frauen) oder 40 (Männer) Dienstjahre, vergoldet oder vermessingt	100.–

1475	wie vor, für 30 Dienstjahre, vergoldet oder vermessingt	80.–
1476	wie vor, für 20 Dienstjahre, versilbert oder vernickelt	60.–
1477	wie vor, für 10 Dienstjahre, bronzefarben	40.–
1478	wie vor, für 20 Dienstjahre, versilbert, Revers verändert	200.–
1479	wie vor, für 10 Dienstjahre, bronzefarben, Revers verändert	150.–

1480 Medaille ausgezeichnetes Volkskunstkollektiv
der DDR, 1974, (nicht tragbar), Böttger-Steinzeug   20.–

1481 Medaille für Verdienste im künstlerischen
Volksschaffen der DDR, 1974   50.–

1482 Medaille für hervorragende Leistungen im Bergbau
und in der Energiewirtschaft der DDR, 1975   250.–

1483 Medaille für hervorragende Leistungen in der
Metallurgie der DDR, 1975   200.–

1484   Medaille für hervorragende Leistungen in der
chemischen Industrie der DDR, 1975   70.–

1485   Medaille für hervorragende Leistungen in der
metallverarbeitenden Industrie der DDR, 1975   120.–

1486   Medaille für hervorragende Leistungen in der
Leicht-, Lebensmittel- und Nahrungsgüterindustrie
der DDR, 1975   60.–

1487   Medaille für hervorragende Leistungen
im Verkehrswesen der DDR, 1975   150.–

1488   Medaille für hervorragende Leistungen
im Handel der DDR, 1975   75.–

1489   Medaille für hervorragende Leistungen im Bereich
der haus- und kommunalwirtschaftlichen
Dienstleistungen der DDR, 1975   60.–

1490   Medaille für hervorragende Leistungen in der
Wasserwirtschaft der DDR, 1975   150.–

1491	Humboldt-Medaille, 1975, vergoldet	600.–
1492	wie vor, versilbert	500.–
1493	wie vor, bronzefarben	400.–

1494	Medaille für hervorragende Leistungen in landwirtschaftlichen Produktionsgenossenschaften der DDR, 1977	300.–

1495	Medaille für hervorragende Leistungen in der Land- und Forstwirtschaft der DDR, 1977	300.–

1496   Medaille für treue Dienste in der Zivilverteidigung
              der DDR, 1977, für 20 Dienstjahre, vergoldet oder
              vermessingt   400.–

1497   wie vor, für 15 Dienstjahre, vergoldet oder vermessingt   400.–

1498   wie vor, für 10 Dienstjahre, versilbert oder vernickelt   500.–

1499   wie vor, für 5 Dienstjahre, bronzefarben   600.–

1500   Medaille für treue Pflichterfüllung in der
              Zivilverteidigung der DDR, 1977, für 30 Dienstjahre,
              Buntmetall oder Eisen, vergoldet oder vermessingt   20.–

1501   wie vor, für 20 Dienstjahre, versilbert oder vernickelt   12.–

1502 wie vor, für 10 Dienstjahre, bronzefarben 8.–

1503 Verdienstmedaille der Grenztruppen der DDR,
1977, vergoldet oder vermessingt 80.–

1504 wie vor, versilbert oder vernickelt 50.–

1505 wie vor, bronzefarben 30.–

1506 Medaille für treue Dienste in den Grenztruppen
der DDR, 1977, für 20 Dienstjahre, Buntmetall
oder Eisen, vergoldet oder vermessingt 120.–

1507 wie vor, für 15 Dienstjahre, vergoldet oder vermessingt 80.–

1508 wie vor, für 10 Dienstjahre, versilbert oder vernickelt 60.–

1509   wie vor, für 5 Dienstjahre, bronzefarben   40.–

1510   Medaille „30. Jahrestag der Gründung der DDR", 1978   10.–

1511   Medaille für hervorragende Leistungen in der
                Volkswirtschaftsplanung der DDR, 1978, vergoldet   200.–

1512   wie vor, versilbert   150.–

1513	wie vor, bronzefarben	100.–
1514	Medaille für hervorragende Leistungen im Finanzwesen der DDR, 1978, vergoldet oder vermessingt	120.–
1515	wie vor, versilbert, durchbohrt ohne Öse	150.–
1516	wie vor, versilbert oder vernickelt, mit Öse	80.–

1517	wie vor, bronzefarben, durchbohrt ohne Öse	130.–
1518	wie vor, mit Öse	50.–

1519	Medaille für hervorragende Leistungen im außenpolitischen Dienst der DDR, 1979	1000.–

1520   Kurt-Barthel-Medaille, 1979   75.–

1521   Helene-Weigel-Medaille, 1980   10.000.–

1522   Militärische Verdienstmedaille der DDR, 1982   800.–

1533   wie vor, für 20 Dienstjahre, vernickelt   40.–

1534   wie vor, für 15 Dienstjahre, vernickelt   30.–

1535   wie vor, für 10 Dienstjahre, bronzefarben   30.–

1536   wie vor, für 5 Dienstjahre, bronzefarben   20.–

1537   Johannes-Dobberstein-Medaille für Verdienste
             im Veterinärwesen der DDR, 1987, vermessingt   700.–

1538   wie vor, vernickelt   500.–

1539   wie vor, bronzefarben   300.–

1540   Friedrich-Wolf-Medaille, 1988   200.–

| 1541 | Ehrenmedaille zum 40. Jahrestag der DDR, 1989 | 10.– |

1542	Dr.-Richard-Sorge-Medaille für Kampfverdienst, 1990, (kam nicht mehr zur Verleihung), vergoldet	3.500.–
1543	wie vor, versilbert	3.500.–
1544	wie vor, bronzefarben	3.500.–

1000 – 1003

1006 – 1013

1014 – 1018 (MS)

1014 (BS)

1015 – 1018 (BS)

1019 – 1021

1019 – 1021 (BS)

1022 – 1025 (BS)

1026 – 1027

1028 – 1032

1033 – 1034

1035 – 1036

1037

1038 – 1040

1041 – 1046

1047 – 1053

1054 – 1056

1057 – 1061

1062 – 1064

1065 – 1070

1071 – 1073

1074 – 1075

1086 – 1090

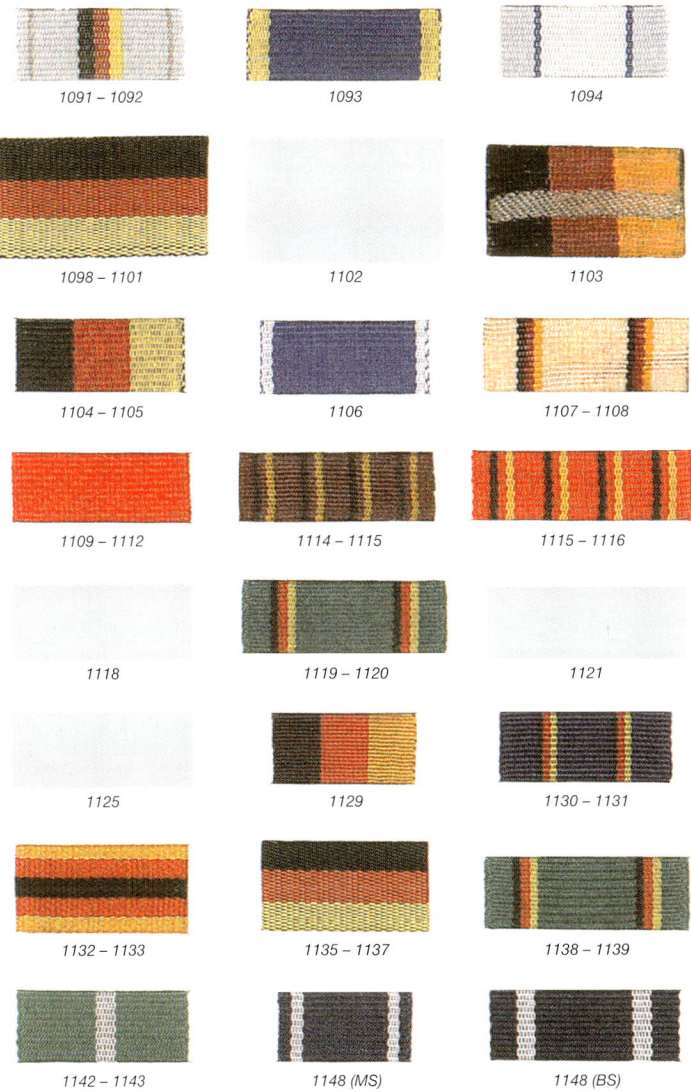

1091 – 1092

1093

1094

1098 – 1101

1102

1103

1104 – 1105

1106

1107 – 1108

1109 – 1112

1114 – 1115

1115 – 1116

1118

1119 – 1120

1121

1125

1129

1130 – 1131

1132 – 1133

1135 – 1137

1138 – 1139

1142 – 1143

1148 (MS)

1148 (BS)

1162

1166 – 1168

1170 – 1171
1173 – 1174 (MS)

1170 – 1171
1173 – 1174 (BS)

1177 – 1178
1198/1200

1185

1187

1201

1202

1207

1208

1209

1210 – 1211

1212

1213

1214

1215

1216

1217

1218

1219

1220

1221

1222 – 1227

1228

1229

1230

1231

1241

1146 – 1147

1232
1233

1234

1235 – 1238

1239

1240

1242

1243

1244

1245

1246 – 1249

1250 – 1255

1296 – 1297

1256

1287

1288 – 1291

1292 – 1294

1303 – 1304

1305

1306 – 1307

1308

1309

1310

1313 – 1315

1316 – 1318

1319 – 1320

1324 – 1327
1496 – 1497
1506 – 1507

1328 – 1330
1498
1508

1331 – 1332
1499
1509

1311 – 1312

1334

1336

1337 – 1338

1340 – 1348

1349

1350

1351

1352 – 1353

1354 (MS)

1354 (BS)

1355

1356

1357

1358

1359

1360

1361

1362

1363 – 1364

1365 – 1366

1367 – 1368

1369 – 1370

1371

1372

1373

1374

1375 – 1376

1377 – 1379

1380

1381 – 1383

1384 – 1385

1386 – 1387

1388 – 1389

1391

1392

1390/1393

1397

1398

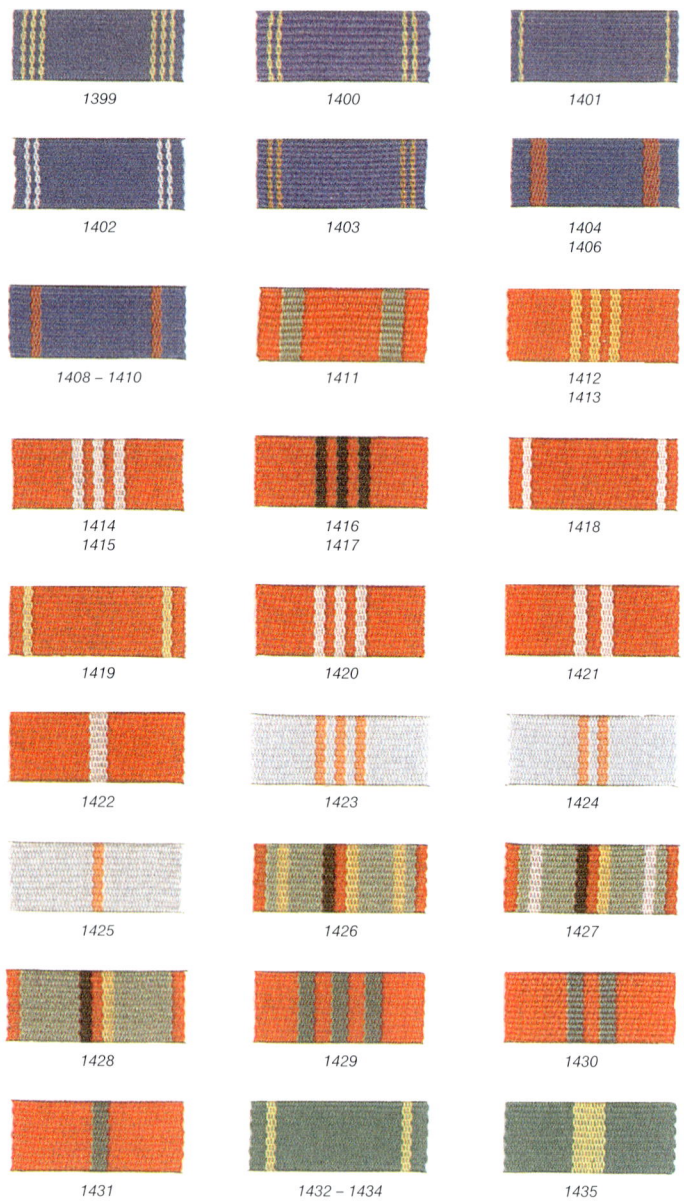

1399

1400

1401

1402

1403

1404
1406

1408 – 1410

1411

1412
1413

1414
1415

1416
1417

1418

1419

1420

1421

1422

1423

1424

1425

1426

1427

1428

1429

1430

1431

1432 – 1434

1435

1436

1437

1438

1439 – 1440

1441 – 1442

1443

1445 (MS)

1445 (BS)

1448

1449

1450

1451

1452

1453

1456 – 1458

1459 – 1461

1462 – 1464

1466 – 1467

1468

1469

1470

1471

1472

1473

1474

1475

1476
1478

1477
1479

1482

1483

1484

1485

1486

1487

1488

1489

1490

1491 – 1493

1519

1494 – 1495

1500

1501

1502

1503

1504

1505

1511 – 1513

1514 – 1518

1520

1521

1522

1523

1524

1525

1526

1527

1528

1529

1530

1531

1532

1533

1534

1535

1536

1537

1538

1539

1540

1541

1542 – 1544

Bundesrepublik Deutschland

**A. Von 1934 bis zum 8. Mai 1945 gestiftete Auszeichnungen,
die laut Ordensgesetz von 1957 nur in geänderter Form ohne
nationalsozialistische Embleme getragen werden dürfen
Bezeichnung in Kurzform: 57er Auszeichnungen**

Zivile Auszeichnungen, 1933 – 1938

2000	Rettungsmedaille am Bande, 1937 (Band Nr. 250)	50.–

Ehrenzeichen des Deutschen Roten Kreuzes, 1937

2006	Medaille (Band Nr. 313)	30.–

Deutsches Olympia-Ehrenzeichen,1936

2007	I. Klasse (Band Nr. 326)	150.–

2008   II. Klasse   100.–

2009   Olympia-Erinnerungsmedaille (Band Nr. 328)   50.–

Treudienst-Ehrenzeichen, 1938

2011   1. Stufe für 40 Dienstjahre   45.–

2012   2. Stufe für 25 Dienstjahre   40.–

2013   Sonderstufe für Angestellte und Arbeiter in
                der freien Wirtschaft für 50 Jahre   60.–

Dienstauszeichnung für den Reichsarbeitsdienst, 1938

2014   1. Stufe für 25 Dienstjahre   45.–

2015   2. Stufe für 18 Dienstjahre   40.–

2016   3. Stufe für 12 Dienstjahre   35.–

| **2017** | 4. Stufe für 4 Dienstjahre | 30.– |

Dienstauszeichnung für den Reichsarbeitsdienst
– weibliche Jugend, 1938

| **2018** | 1. Stufe für 25 Dienstjahre | 45.– |

| **2019** | 2. Stufe für 18 Dienstjahre | 40.– |
| **2020** | 3. Stufe für 12 Dienstjahre | 35.– |

2021   4. Stufe für 4 Dienstjahre   30.–

Polizei-Dienstauszeichnung, 1938

2023   1. Stufe für 25 Dienstjahre   35.–

2024   2. Stufe für 18 Dienstjahre   30.–

2025 3. Stufe für 8 Dienstjahre 25.–

Feuerwehr-Ehrenzeichen, 1938

2026 1. Stufe 40.–

2027 2. Stufe 30.–

2029 Grubenwehr-Ehrenzeichen, 1938 (Band Nr. 259) 40.–

Luftschutz-Ehrenzeichen, 1938

2030   1. Stufe   45.–

2031   2. Stufe   35.–

2032　　　Zollgrenzschutz-Ehrenzeichen, 1938 (Band Nr. 282)　　　40.–

Militärische Auszeichnungen, 1934 – 1945

Dienstauszeichnung der Wehrmacht, 1936

2037　　　1. Klasse　　　　　　　　　　　　　　　　　　45.–

2038   2. Klasse   35.–

2039   3. Klasse   30.–

2040   4. Klasse (Band Nr. 63 ff.)   25.–

Eisernes Kreuz, 1939

| **2041** | EK II | 40.– |

 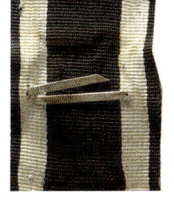

| **2042** | Spange zum EK II des Weltkrieges | 35.– |

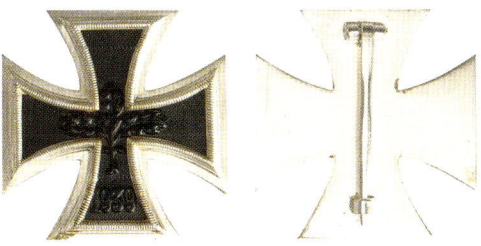

| **2043** | EK I | 60.– |

(Originalgröße)

2044   Spange zum EK I des Weltkrieges   40.–

2045   Ritterkreuz (Band Nr. 597)   300.–

Kriegsverdienstkreuz, 1939

2050   Kriegsverdienstmedaille, 1940 (Band Nr. 628)   30.–

2051   II. Klasse   30.–

| **2052** | I. Klasse | 40.– |
| **2053** | Ritterkreuz, 1940 (Band Nr. 620) | 200.– |

| **2055** | II. Klasse mit Schwertern | 30.– |

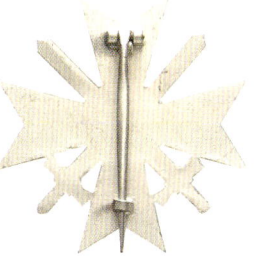

| **2056** | I. Klasse mit Schwertern | 40.– |
| **2057** | Ritterkreuz mit Schwertern, 1940 | 200.– |

Deutsches Kreuz, 1941

2059   in Gold   300.–

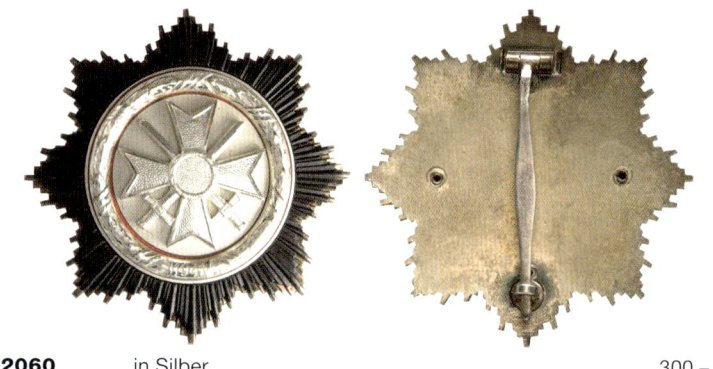

2060   in Silber   300.–

Verwundetenabzeichen, 1939

2061   in Schwarz   25.–

2062 in Silber 30.–

2063 in Gold 40.–

2064 **Medaille Winterschlacht im Osten 1941/42**
(Ostmedaille), **1942** 35.–

Kampf-, Leistungs- und Tätigkeitsabzeichen der Wehrmacht

Narvikschild, 1940

2065	für Heer und Luftwaffe	35.–

2066	für die Kriegsmarine	40.–
2067	**Cholmschild, 1942**	40.–
2078	**Krimschild, 1942**	35.–
2081	**Demjanskschild, 1943**	35.–
2082	**Kubanschild, 1943**	35.–

Bandenkampfabzeichen, 1944

2083	1. Stufe	40.–
2084	2. Stufe	50.–

2085	3. Stufe	60.–

Kampf-, Leistungs- und Tätigkeitsabzeichen des Heeres

Infanterie-Sturmabzeichen

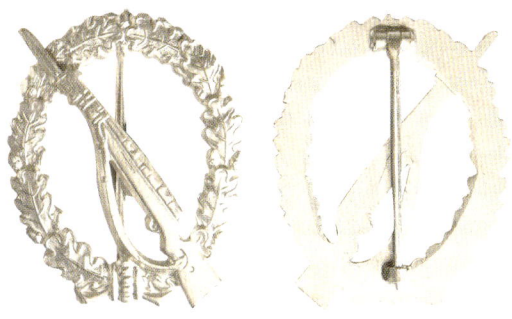

2097 in Silber, 1939 30.–

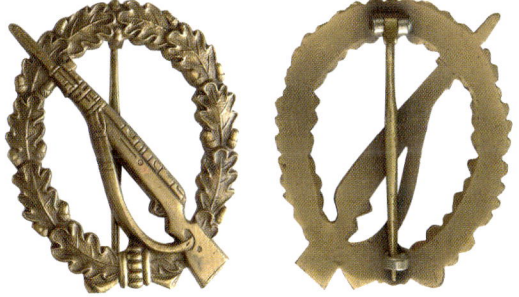

2098 in Bronze, 1940 30.–

Panzerkampfabzeichen

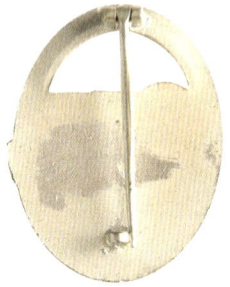

| **2099** | Silber, 1939 | 35.– |

2100	II. Stufe, 1943	40.–
2101	III. Stufe	50.–
2102	IV. Stufe	55.–
2103	IV. Stufe mit der Zahl 100	60.–

2104   Bronze, 1940   35.–

2105   II. Stufe, 1943   40.–

2106   III. Stufe   50.–
2107   IV. Stufe   55.–

2108   IV. Stufe mit der Zahl 100   60.–

Sturmabzeichen (allg.), 1940

2109   Sturmabzeichen   30.–
2110   II. Stufe, 1943   40.–
2111   III. Stufe   50.–
2112   IV. Stufe   55.–
2113   IV. Stufe mit der Zahl 100   60.–

| **2114** | **Heeres-Flakabzeichen, 1941** | 35.– |

Nahkampfspange, 1942

| **2115** | 1. Stufe | 30.– |

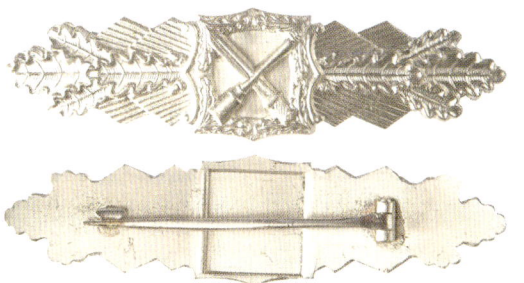

| **2116** | 2. Stufe | 35.– |

| **2117** | 3. Stufe | 40.– |

2118	Ehrenblatt-Spange, **1944** (Band Nr. 431)	40.–
2120	Fallschirmschützen-Abzeichen des Heeres, **1937**	35.–

Ballonbeobachter-Abzeichen, 1944

2121	in Bronze	35.–
2122	in Silber	40.–
2123	in Gold	45.–

Kampf-, Leistungs- und Tätigkeitsabzeichen der Kriegsmarine

2124	U-Boots-Kriegsabzeichen, **1939**	35.–
2125	Zerstörer-Kriegsabzeichen, **1940**	35.–
2126	Kriegsabzeichen für Minensuch-, U-Boots- Jagd- und Sicherungsverbände, **1940**	30.–

2127   **Kriegsabzeichen für Hilfskreuzer, 1941**   40.–

2128   **Flotten-Kriegsabzeichen, 1941**   40.–

2129   **Schnellboot-Kriegsabzeichen, 1941**   40.–

2130   **Kriegsabzeichen für die Marine-Artillerie, 1941**   40.–

2131   **Abzeichen für Blockadebrecher, 1941**   40.–

U-Boots-Frontspange, 1944

2132   in Bronze   40.–

2133   in Silber   45.–

2134   **Ehrentafel-Spange, 1944** (Band Nr. 431)   40.–

2135   Marine-Frontspange, 1944   30.–

Kampf-, Leistungs- und Tätigkeitsabzeichen der Luftwaffe

Frontflug-Spange
für Jäger, 1941

2145	in Bronze	35.–
2146	in Silber	40.–
2147	in Gold	45.–

für Nah-Nachtjäger, 1942

2150	in Bronze	35.–
2151	in Silber	40.–
2152	in Gold	45.–

für Fern-Nachtjäger, 1942

2155	in Bronze	35.–
2156	in Silber	40.–
2157	in Gold	45.–

für Kampf- und Sturzkampfflieger, 1941

2160	in Bronze	35.–
2161	in Silber	40.–
2162	in Gold	45.–

für Aufklärer, 1941

2165	in Bronze	35.–

| **2166** | in Silber | 40.– |

| **2167** | in Gold | 45.– |

für Transport- und Luftlandeflieger, 1941

2170	in Bronze	35.–
2171	in Silber	40.–
2172	in Gold	45.–

für Schlachtflieger, 1944

| **2175** | in Bronze | 35.– |

| **2176** | in Silber | 40.– |
| **2177** | in Gold | 45.– |

für Zerstörer, 1942

2180	in Bronze	35.–
2181	in Silber	40.–
2182	in Gold	45.–

2185   **Kampfabzeichen der Flakartillerie
(Flak-Kampfabzeichen), 1941**   35.–

Erdkampfabzeichen der Luftwaffe

2186	Erdkampfabzeichen, 1942	30.–
2187	II. Stufe, 1944	40.–
2188	III. Stufe	45.–
2189	IV. Stufe	50.–
2190	V. Stufe	55.–
2191	**Ehrenblatt-Spange, 1944** (Band Nr. 431)	60.–

Nahkampfspange der Luftwaffe, 1944

2192	1. Stufe	40.–

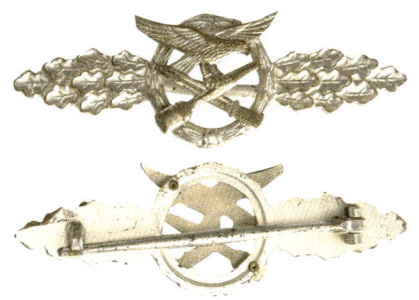

2193	2. Stufe	45.–
2194	3. Stufe	50.–

Panzerkampfabzeichen der Luftwaffe, 1944

2195	Silber	30.–
2196	II. Stufe	35.–
2197	III. Stufe	40.–
2198	IV. Stufe	45.–
2199	V. Stufe	50.–
2200	Schwarz	30.–
2201	II. Stufe	35.–
2202	III. Stufe	40.–
2203	IV. Stufe	45.–
2204	V. Stufe	50.–
2205	**Seekampfabzeichen der Luftwaffe, 1944**	45.–

2206	**Flugzeugführerabzeichen, 1936**	40.–

2207	**Beobachterabzeichen, 1936**	40.–

| **2208** | Gemeinsames Flugzeugführer- und Beobachterabzeichen (Luftwaffendoppelabzeichen), 1936 | 45.– |
| **2209** | Fliegerschützenabzeichen für Bordfunker, 1936 | 40.– |

2210	Fliegerschützenabzeichen für Bordmechaniker und Bordschützen, 1936	40.–
2211	Fliegerschützenabzeichen für Bordschützen ohne Bordschützenschein, 1944	40.–
2212	Segelflugzeugführerabzeichen, 1940	40.–
2213	Fallschirmschützenabzeichen der Luftwaffe, 1936	40.–

2214   Fliegererinnerungsabzeichen, 1936   40.–

**B. Vom Bundespräsidenten oder mit seiner Zustimmung
gestiftete sowie von ihm als Ehrenzeichen anerkannte Orden
und Ehrenzeichen**

Verdienstorden der Bundesrepublik Deutschland, 1951

2215   Verdienstmedaille   22.–

2216   Verdienstkreuz am Bande, Ausführung für Herren   25.–

2217   Verdienstkreuz am Bande, Ausführung für Damen   28.–

2218   Verdienstkreuz am Bande für Arbeitsjubilare,
                  1952 – 1966; seit 1957 mit aufgelegter Spange 50   30.–

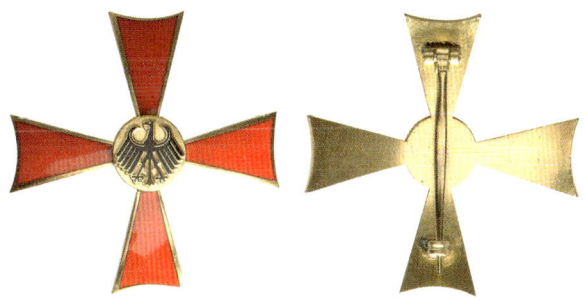

2219   Verdienstkreuz I. Klasse, Ausführung für Herren   40.–

2220   Verdienstkreuz I. Klasse, Ausführung für Damen   40.–

2221   Großes Verdienstkreuz   70.–

2222   Großes Verdienstkreuz, Ausführung für Damen   70.–

2223   Stern zum Großen Verdienstkreuz   290.–

2224   Großes Verdienstkreuz mit Stern und Schulterband
(Kreuz 60 mm), seit 1952   250.–

2225   Großes Verdienstkreuz mit Stern und Schulterband,
             Ausführung für Damen   250.–

2226   Stern zum Großen Verdienstkreuz mit Schulterband   280.–

| **2227** | Großkreuz, Ausführung für Herren (Kreuz 70 mm) | 500.– |
| **2228** | Großkreuz, Ausführung für Damen (Kreuz 60 mm) | 550.– |

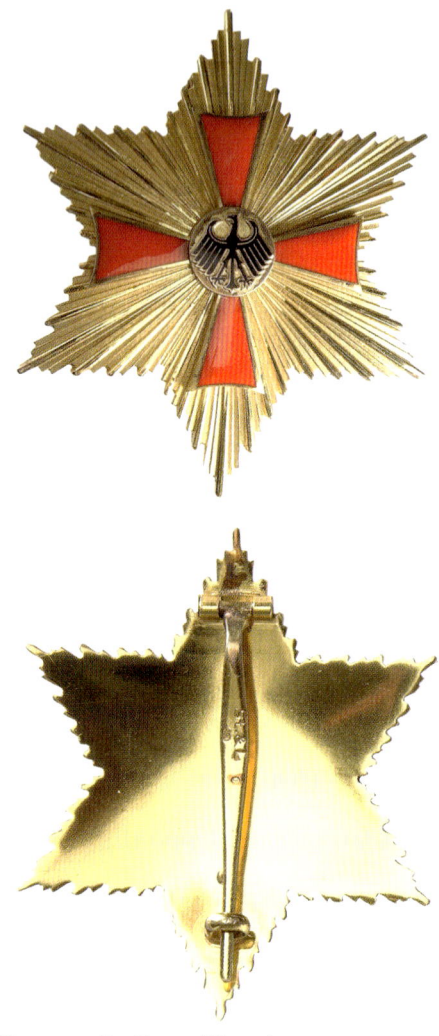

| **2229** | Stern zum Großkreuz (80 mm) | 400.– |
| **2230** | Großkreuz in besonderer Ausführung, 1954, 1998 | ★ |

2231	Stern zum Großkreuz in besonderer Ausführung	*
2232	Sonderstufe des Großkreuzes (Kreuz 70 mm)	600.–

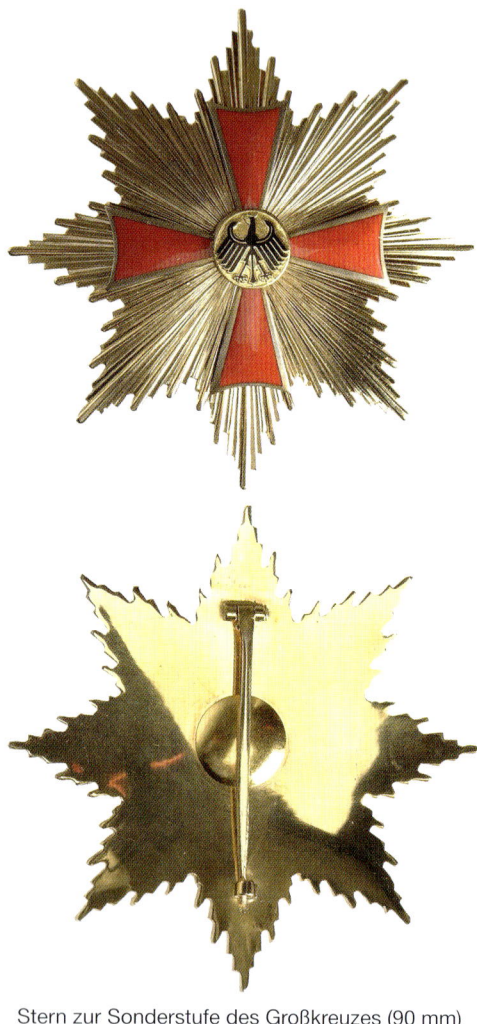

2233	Stern zur Sonderstufe des Großkreuzes (90 mm)	600.–
2234	Sonderstufe des Großkreuzes, Ausführung für Damen (Kreuz 60mm)	750.–
2235	Stern zur Sonderstufe des Großkreuzes, Ausführung für Damen (80 mm)	700.–

Grubenwehr-Ehrenzeichen, 1953

| **2236** | in Silber | 20.– |

| **2237** | in Gold | 35.– |

Silbernes Lorbeerblatt, 1950

| **2238** | Anstecknadel für Herren | 40.– |
| **2238/1** | Anstecknadel für Herren, mit rückseitiger Inschrift | 60.– |

| **2239** | Brosche für Damen | 40.– |
| **2239/1** | Brosche für Damen, mit rückseitiger Inschrift | 60.– |

2240	**Silbermedaille für den Behindertensport, 1978 – 1993**	
	(verliehenes Stück mit Urkunde)	130.–
2241	**Orden pour le mérite für Wissenschaft und Künste, 1952**	⋆

Ehrenzeichen des Deutschen Roten Kreuzes, 1953

2242   Ehrenzeichen in Gold (früher 1. Klasse)   120.–

2243   Ehrenzeichen des DRK   60.–

Deutsches Feuerwehrehrenkreuz,1953

1. Form,1953 – 1974

2244   1. Klasse   60.–

2245   2. Klasse   45.–

2. Form, seit 1974

2246   1. Klasse   50.–

2247   2. Klasse   35.–

Medaille für Rettung aus Seenot der
Deutschen Gesellschaft zur Rettung Schiffbrüchiger, 1955

2248   in Bronze   ★

2249   in Silber   ★

| **2250** | in Gold | * |

Ehrenzeichen der Bundesverkehrswacht, 1957 – 1968

| **2251** | in Silber | * |
| **2252** | in Gold | * |

Ehrenzeichen der Deutschen Verkehrswacht, seit 1968

| **2253** | in Silber | 65.– |

2254   in Gold   90.–

Ehrenzeichen des Johanniterordens, 1959

2255   Kreuz der Ehrenritter   ✶
2256   Kreuz der Rechtsritter   ✶

2257	Kreuz der Kommendatoren	★
2258	Kreuz der Ehrenmitglieder	★
2259	Kreuz des Herrenmeisters	★

Goethe-Medaille,1954

1. Form, 1954 – 1974

2260	Goethe-Medaille	300.–
2261	Goethe-Medaille in Gold	350.–

2. Form, 1974 – 1996

2262	Goethe-Medaille	200.–

3. Form, 1997-2002

| **2263** | Goethe-Medaille | 200.– |

4. Form, 2003

| **2264** | Goethe -Medaille | ★ |

5. Form, seit 2004

| **2265** | Goethe-Medaille | ★ |

Ehrenzeichen des Technischen Hilfswerkes, 1975

| **2266** | in Bronze, 1990 | 20.– |

| **2267** | in Silber | 50.– |

| **2268** | in Gold | 75.– |

Ehrenzeichen der Bundeswehr, 1980, 2008

| **2269** | Ehrenmedaille | 25.– |
| **2269/1** | Ehrenmedaille, anderer Stempel (größere Blätter) | 20.– |

| **2270** | Ehrenkreuz in Bronze, Medaillon aufgesetzt | 25.– |
| **2270/1** | Ehrenkreuz in Bronze, in einem Stück geprägt | 20.– |

| **2271** | Ehrenkreuz in Silber, Medaillon aufgesetzt | 35.– |
| **2271/1** | Ehrenkreuz in Silber, in einem Stück geprägt | 30.– |

| **2272** | Ehrenkreuz in Gold, Medaillon aufgesetzt | 40.– |
| **2272/1** | Ehrenkreuz in Gold, in einem Stück geprägt | 35.– |

| **2273** | Ehrenkreuz für Tapferkeit, 2008 | 40.– |

2274   Ehrenkreuz in Silber für hervorragende Einzeltat, 2008   30.–

2275   dto. in Gold   35.–

2276	**Einsatzmedaille GEFECHT**
	(auch postume Verleihung), 2010

40.–

Einsatzmedaille, 1996, 2003 ff.

Die Einsatzmedaille wird nur mit Bandspange verliehen. Seit 2003 wird die Medaille nach 360 Einsatztagen in Silber, nach 690 in Gold verliehen.

2277	**IFOR** (Dezember 1995 – Dezember 1996), 1996	25.–

2278	**SHARP GUARD** (Juni 1995 – Juni 1996), 1996	25.–

2279	**UNOMIG** (Juni 1995 – Juni 1996), 1996	25.–

2280   dto. in Silber, 2003   30.–

2281   dto. in Gold   30.–

2282   **UNSCOM** (Oktober 1996 – Dezember 1998), 1996   18.–
2283   dto., in Silber, 2003   25.–

2284   **UNHCR** (Juni 1195 – Januar 1996), 1996   18.–

2285   **OSZE 1** (seit 1995), 1996   25.–
2286   entfällt
2287   entfällt

2288   **UNPF** (August – Dezember 1995), 1997   18.–

2289   **SFOR** (Dezember 1996 – Dezember 2004), 1997   18.–

2290   dto. in Silber, 2003   25.–

2291   dto. in Gold   30.–

2292   **UNMAC** (Oktober 1997 – Juni 1999), 1998   15.–
2293   entfällt

2294   **KVM** (Dezember 1998 – Juni 1999), 1999   18.–

2295   **ALLIED HARVEST** (Juni – August 1999), 1999   18.–

2296   **KFOR** (seit Juni 1999), 1999   18.–

| **2297** | dto. in Silber, 2003 | 25.– |

| **2298** | dto. in Gold | 30.– |

| **2299** | **INTERFET** (November 1999 – Februar 2000), 1999 | 18.– |
| **2300** | **WEU 1** (Mai 1999 – April 2001), 1999 | 18.– |

| **2301** | **ALLIED FORCE** (März - Juni 1999), 1999 | 18.– |

| **2302** | **AFOR** (April – August 1999), 1999 | 18.– |

2303	**FOX** (September 2001 – Dezember 2002, 2001	18.–
2304	entfällt	
2305	**UNMIK** (Dezember 1999 – Dezember 2001), 2001	18.–
2306	entfällt	

| **2307** | **EAGLE ASSIST** (Oktober 2001 – April 2002), 2001 | 18.– |
| **2308** | **E.FREEDOM** (seit November 2001), 2002 | 18.– |

2309   dto. in Silber, 2003   25.–

2310   dto. in Gold   30.–

2311   **ISAF** (seit Dezember 2001), 2002   18.–

2312   dto. in Silber, 2003   25.–

2313   dto. in Gold   30.–

2314   **ALLIED HARMONY** (Dezember 2002 - März 2003), 2003 18.–

2315   **ACTIVE ENDEAVOUR** (seit Oktober 2001), 2003   18.–

2316   dto. in Silber, 2003   25.–

2317   entfällt

2318   **EU 1** (März – Dezember 2003), 2003   18.–

2319   **EUFOR** (seit Dezember 2004), 2005   18.–

2320   dto. in Silber   25.–

2321   dto. in Gold   30.–

| **2322** | **UNMEE** (seit Februar 2004), 2004 | 18.– |

2323	dto. in Silber	25.–
2324	dto. in Gold	30.–
2325	**UNAMA** (seit Mai 2004), 2004	18.–

2326	dto. in Silber	25.–
2327	entfällt	
2328	**ACEH** (Januar – März 2005), 2005	18.–
2329	**UNMIS** (seit April 2005), 2005	18.–

| **2330** | dto. in Silber | 25.– |
| **2331** | dto. in Gold | 30.– |

| **2332** | **SWIFT RELIEF** (Oktober 2005 – April 2006), 2006 | 18.– |

| **2333** | **EUFOR RD / CONGO** (Juli – Dezember 2006), 2006 | 18.– |
| **2334** | **UNIFIL** (seit Dezember 2006), 2006 | 18.– |

2335	dto. in Silber	25.–
2336	dto. in Gold	30.–
2337	**UNAMID** (Februar – April 2008), 2008	18.–
2337/1	dto., in Silber	25.–

2338	**ATALANTA** (seit Dezember 2008), 2009	18.–
2339	dto. in Silber	25.–
2340	**EUTM SOMALIA,** 2010	25.–
2341	dto., in Silber	25.–
2342	**OSZE II,** 2010	25.–
2343	**UNMISS,** 2012	25.–
2344	dto., in Silber	25.–
2345	**EUTM MALI,** 2012	25.–
2346	**AF TUR,** 2013	25.–
2347	**AFISMA,** 2013	25.–
2348	**MINUSMA,** 2013	25.–
2349	**EUCAP NESTOR,** 2013	25.–

2350	**Einsatzmedaille Fluthilfe 2002,** 2002	20.–
2350/1	**Einsatzmedaille Fluthilfe 2013,** 2013	20.–

Deutsches Sportabzeichen, 1958 – 2007 (Deutscher Sportbund)

2351   Bronze   10.–

2352   Silber   15.–

2353   Gold   18.–

2354 Gold mit Wiederholungszahlen / ab 5 20.–

Deutsches Sportabzeichen, 2008 (Deutscher Olympischer Sportbund)

2354/1 Bronze 5.–

2354/2 Silber 8.–

2354/3   Gold   10.–

2354/4   Gold mit Wiederholungszahlen / ab 10   20.–

**Leistungs- und Lehrabzeichen der
Wasserwacht des DRK, 1964 – 1976**

2355   Leistungsabzeichen   10.–

2356   Lehrabzeichen   15.–

Leistungs- und Lehrabzeichen der DLRG, 1964 – 1976

2357   Leistungsabzeichen   10.–

2358   Lehrabzeichen   15.–

Deutsches Rettungsschwimmabzeichen des DRK, seit 1976

2359   Rettungsschwimmabzeichen des DRK in Silber
(wie 2355)   15.–

2360   dto. mit Wiederholungszahlen   20.–

| **2361** | dto. in Gold (wie 2356) | 15.– |
| **2362** | dto. mit Wiederholungszahlen | 25.– |

Deutsches Rettungsschwimmabzeichen der DLRG, seit 1976

| **2363** | Rettungsschwimmabzeichen der DLRG in Silber (wie 2357) | 15.– |
| **2364** | dto. mit Wiederholungszahlen | 20.– |

| **2365** | dto. in Gold (wie 2358) | 15.– |
| **2366** | dto. mit Wiederholungszahlen | 25.– |

**C. Orden und Ehrenzeichen
der Länder der Bundesrepublik Deutschland**

BADEN-
WÜRTTEMBERG

2367   **Verdienstmedaille, 1974**   600.–/400.–
der Goldgehalt wurde 1980 von 750 in 333 geändert

Rettungsmedaille am Bande, 1953

2368   1. Stempel, 1953/1954   700.–

2369   2. Stempel, seit 1955   160.–

Ehrennadel des Landes Baden-Württemberg, 1983

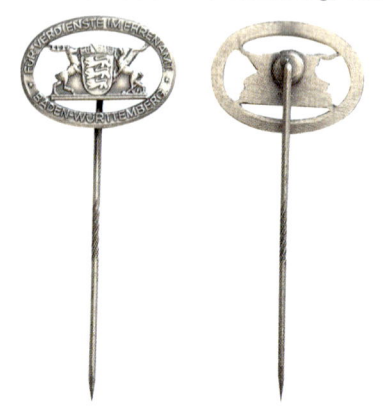

(Originalgröße)

2370   Anstecknadel für Herren   40.–

(Originalgröße)

2371   Brosche für Damen   40.–

Feuerwehr-Ehrenzeichen, 1956

| **2372** | in Silber | 15.– |

| **2373** | in Gold | 20.– |

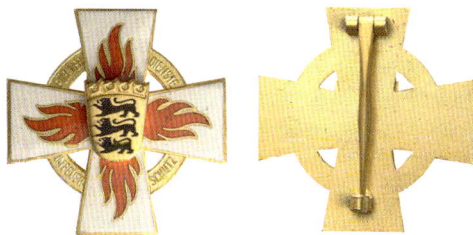

| **2374** | Sonderstufe | 40.– |

**Ehrenmedaille des Ministerpräsidenten
für Arbeitsjubilare in der freien Wirtschaft, 1981**

2375   in Silber für 40 Dienstjahre   50.–

2376   in Gold für 50 Dienstjahre   60.–

2377   in Gold für 60 Dienstjahre   80.–

Feuerwehr-Leistungsabzeichen

2378 in Bronze 10.–

2379 in Silber 15.–

2380 in Gold 18.–

BAYERN

2385   Verdienstorden, 1957   450.–

2386   Maximiliansorden für Wissenschaft und Kunst, 1980   1700.–

Rettungsmedaille am Bande, 1952

| **2387** | 1. Form, 1952 – 1974 | 300.– |

| **2388** | 2. Form, seit 1974 | 150.– |

2389   Belobigungsmedaille für Rettung aus Lebensgefahr
                  (Christophorus-Medaille), 1984   80.–

(Originalgröße)

2390   Ehrenzeichen des Ministerpräsidenten für Verdienste
                  im Ehrenamt, 1994   180.–

Feuerwehr-Ehrenzeichen, 1953

1. Form, 1953 – 1955

2391   1. Klasse (für 50 Dienstjahre)   85.–

2392   2. Klasse (für 40 Dienstjahre)   60.–

2393   3. Klasse (für 25 Dienstjahre)   25.–

2. Form, 1955 – 1971

2394   1. Klasse   30.–

2395 2. Klasse 25.–

2396 3. Klasse 25.–

Änderung 1972

2397   1. Klasse (für 40 Dienstjahre, wie 2394)   30.–

2398   2. Klasse (für 25 Dienstjahre, wie 2395)   25.–

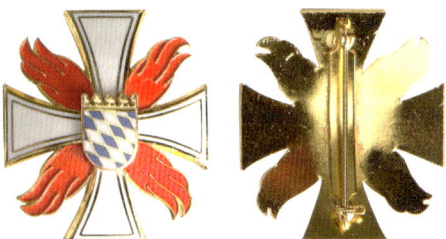

2399   **Feuerwehr-Ehrenzeichen für besondere Verdienste,**
                1955 (Steckkreuz)   65.–

Ehrenzeichen für Verdienste
um das Bayerische Rote Kreuz, 1957

1957 – 1972

2400   in Bronze für XXV Dienstjahre   35.–

2401   in Silber für XL Dienstjahre   45.–

2402   in Gold für L Dienstjahre   30.–

Änderung 1972

2403   1. Klasse für XL Dienstjahre in Gold   45.–

2404   2. Klasse für XXV Dienstjahre in Silber   25.–

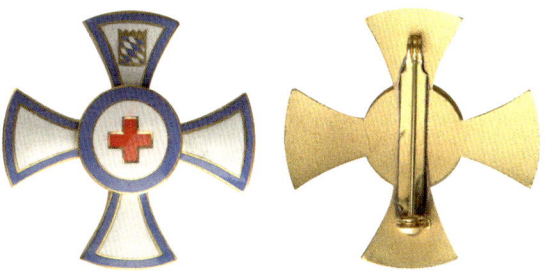

2405   Steckkreuz für besondere Verdienste, 1957   65.–

Feuerwehr-Leistungsabzeichen, 1959

2406   Bronze   8.–

2407   Silber   10.–

2408   Gold   15.–

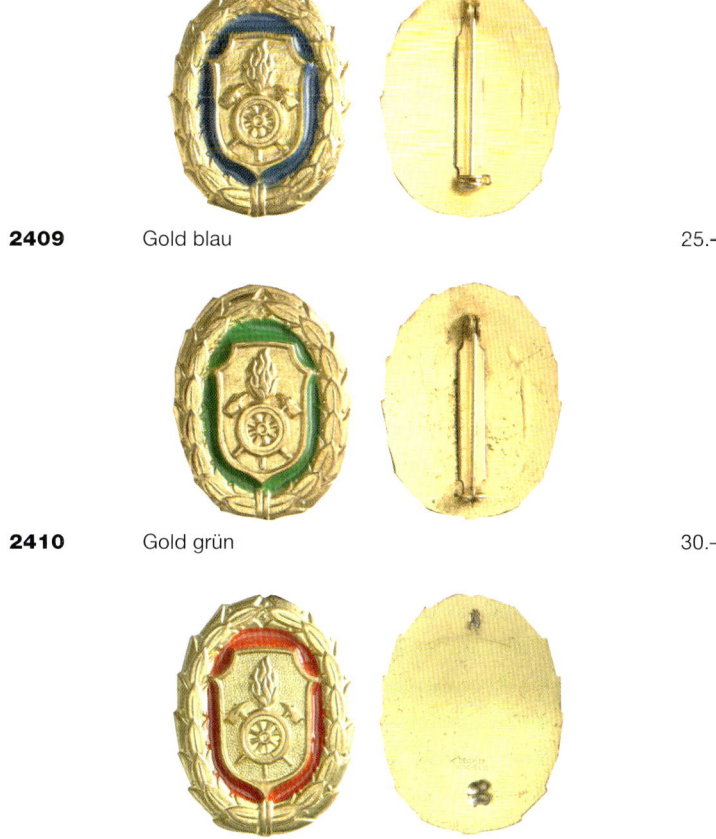

2409	Gold blau	25.–
2410	Gold grün	30.–
2411	Gold rot	35.–

Anstecknadel zur Kommunalen Verdienstmedaille

2412   in Silber   40.–

2413   in Bronze   20.–

2414   **Anstecknadel zur Bayerischen Umweltmedaille**   45.–

2415   Feuerwehr-Jugendleistungsabzeichen, 1970   15.–

FW-Leistungsabzeichen für Technische Hilfeleistung

2416	Bronze	8.–
2417	Silber	10.–
2418	Gold	15.–
2419	Gold blau	25.–
2420	Gold grün	30.–
2421	Gold rot	35.–
2422	**Auszeichnung Hochwasser 2013,** 2013	20.–

BERLIN

2425   Verdienstorden, 1987   120.–

Rettungsmedaille am Bande, 1953

2426   1. Form, 1953 – 1983   300.–

| **2427** | 2. Form, seit 1983 | 150.– |

Berliner Ehrennadel für besonderes soziales Engagement, 1998

| **2428** | 1. Form, 1998 – 2000 | ★ |
| **2429** | 2. Form, seit 2001 | ★ |

Feuerwehr- und Katastrophenschutz-Ehrenzeichen, 1978, 2000

2430	Silbernes Feuerwehr- und Katastrophenschutz-Ehrenzeichen am Bande der Stufe 1	25.–
2431	Goldenes dto. der Stufe 2	30.–
2432	Goldenes dto. der Stufe 3, 2000	40.–

2433   Feuerwehr- und Katastrophenschutz-Ehrenzeichen
                  als Steckkreuz (Sonderstufe)   55.–

Ehrenzeichen für die Freiwillige Polizei-Reserve, 1984 – 2002

2434   1. Stufe   30.–

2435   2. Stufe   35.–

2436   Sonderstufe   45.–

Zugehörigkeitsabzeichen für die Angehörigen der Wachpolizei, 1978

2437   für 10 Dienstjahre   20.–

2438   für 20 Dienstjahre   25.–

2439   für 30 Dienstjahre   35.–

2440   **Erinnerungsmedaille des Regierenden Bürgermeisters
                für die Helfer der Flutkatastrophe 2002, 2002**   25.–

2441   Ehrennadel des Senats, 1953   55.–

BRANDENBURG

2445   Verdienstorden, 2003   180.–

2446   Rettungsmedaille, 2003   90.–

Feuerwehr-Ehrenzeichen, 1994

2447   Silbernes Ehrenzeichen am Bande   40.–

2448   Goldenes Ehrenzeichen am Bande   45.–

2449   Sonderstufe   60.–

Medaille für treue Dienste
in der Freiwilligen Feuerwehr, 1994–2001, *1. Stempel*

2450 für 10 Dienstjahre in Kupfer 15.–

2451 für 20 Dienstjahre in Bronze 20.–

2452 für 30 Dienstjahre in Silber 25.–

2453   für 40 Dienstjahre in Gold   30.–

**Medaille für treue Dienste
in der Freiwilligen Feuerwehr, 2001,** *2. Stempel*

2454   für 10 Dienstjahre in Kupfer   15.–

2455   für 20 Dienstjahre in Bronze   20.–

2456   für 30 Dienstjahre in Silber   25.–

2457   für 40 Dienstjahre in Gold   35.–

2457/1   für 50 Dienstjahre in Gold   40.–

2458   Oderflut-Medaille aus Anlass des Hochwassers
                  an der Oder im Sommer 1997, 1997   25.–

2459   Elbeflut-Medaille 2002, 2002   25.–

Feuerwehr-Leistungsabzeichen, 1997

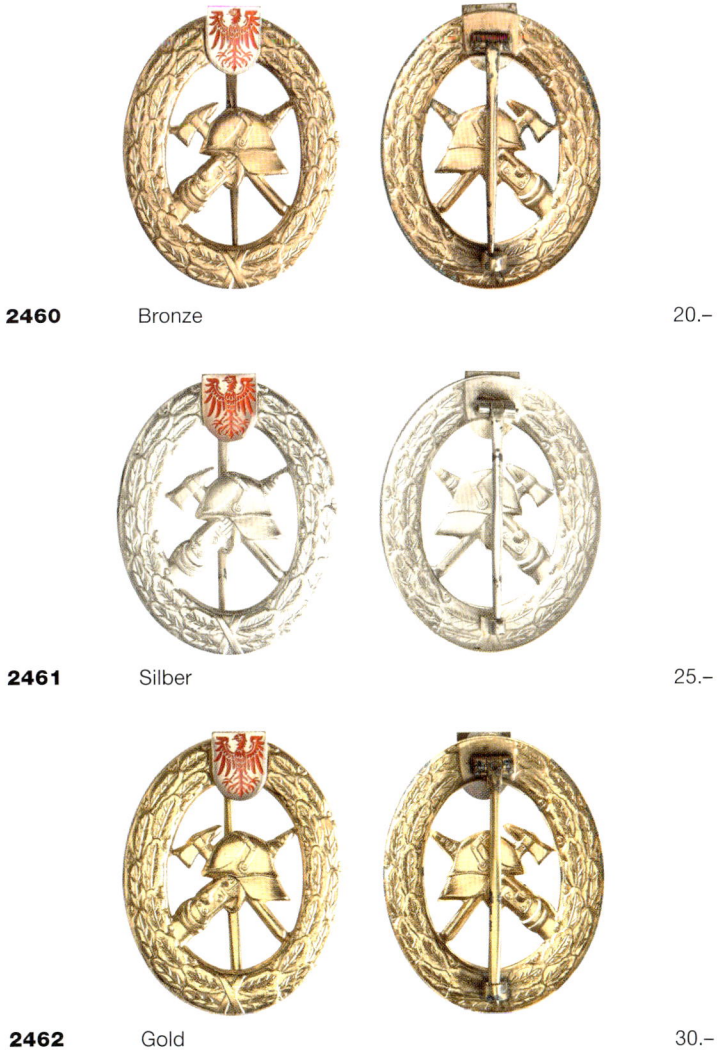

2460 Bronze 20.–

2461 Silber 25.–

2462 Gold 30.–

BREMEN

Feuerwehr-Anerkennungszeichen

2470   für 25 Dienstjahre, 1951   40.–

 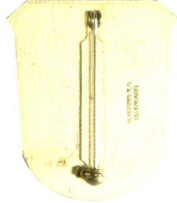

2471   für 40 Dienstjahre, 1955   50.–

HAMBURG

2472   **Rettungsmedaille am Bande, 1951**   160.–

2473   **Hamburgische Dankmedaille, 1962**   25.–

2474   **Erinnerungsmedaille Oderflut 1997**   20.–

2475   **Erinnerungsmedaille Elbeflut 2002**   20.–

Polizei-Verdienstabzeichen, 1947 – 1981
Stoffabzeichen für Uniformträger auf blauem oder grünem Tuch

2476   in Rot   15.–

| **2477** | dto. mit einer Silberkordel | 20.– |
| **2478** | dto. mit zwei Silberkordeln | 25.– |

2479	in Silber	10.–
2480	dto. mit einer Silberkordel	15.–
2481	dto. mit zwei Silberkordeln	20.–
2482	dto. mit drei Silberkordeln	25.–

Metallabzeichen für Nichtuniformträger

| **2483** | in Rot | 50.– |

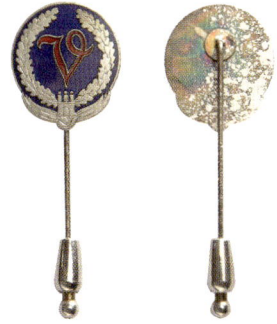

| **2484** | dto. mit Lorbeerzweigen | 80.– |

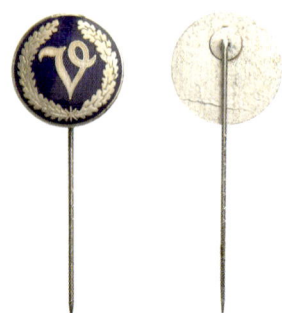

2485   in Silber   35.–

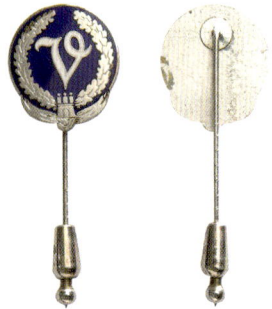

2486   dto. mit Lorbeerzweigen   55.–

HESSEN

Wilhelm-Leuschner-Medaille, 1964

(Originalgröße)

2490	Anstecknadel für Herren	60.–
2491	Brosche für Damen	*

Verdienstorden, 1989

2492	Hessischer Verdienstorden	500.–

2493 Hessischer Verdienstorden am Bande, 1998 300.–

Rettungsmedaille am Bande, 1953

2494 *1. Form, 1953 – 1988* ★

2495 *2. Form, 1988* 250.–

2496 *3. Form, seit 1988* ★

Ehrennadel zum Ehrenbrief des Landes Hessen, 1973

1. Form, 1973 – 1981

2497   Anstecknadel für Herren   65.–

2498   Brosche für Damen   65.–

2. Form, 1981 – 2003

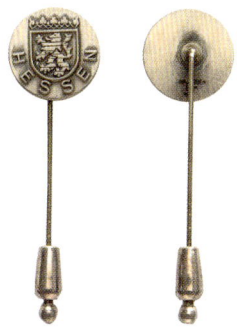

2499   Anstecknadel für Herren   48.–

2500   Brosche für Damen   48.–

3. Form, seit 2003

2501   Anstecknadel für Herren   50.–

2502   Brosche für Damen   50.–

Anstecknadel zur Sportplakette des Landes Hessen, 1970

2503   Ausführung für Herren   ★

2504   Ausführung für Damen   ★

Brandschutzehrenzeichen, 1962

2505   Stufe I   20.–

2505/1   geänderter Stempel   20.–

2506   Stufe II   25.–

2506/1   geänderter Stempel   25.–

2506/2   Sonderstufe für mind. 50jährige Dienstzeit, 2011   45.–

 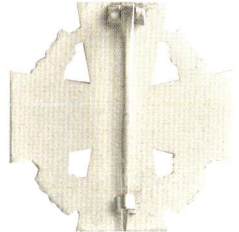

2507   Stufe III   35.–

 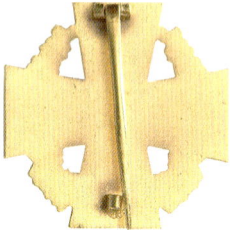

2508   Stufe IV   45.–

Brandschutzehrenzeichen, 2001

2509   Silbernes Ehrenzeichen am Bande, Stufe I   20.–

2510   Goldenes dto., Stufe II   25.–
2511   Silbernes Ehrenzeichen, Steckkreuz, Stufe III   40.–

Katastrophenschutz-Medaille, 2003

| **2512** | Stufe I in Bronze für 10 Jahre | 25.– |

| **2513** | Stufe II in Silber für 25 Jahre | 30.– |

2514   Stufe III in Gold für 40 Jahre   35.–

Katastrophenschutz-Verdienstmedaille, 2003

2515   Stufe I in Bronze   30.–

2516   Stufe II in Silber   35.–

2517   Stufe III in Gold   40.–

Feuerwehrleistungsabzeichen, 1974, 1980

2518   1. Stufe (Eisen, durchbrochen)   15.–

2518/1   dto., in einem Stück geprägt   15.–

2519   2. Stufe (Bronze, durchbrochen)   20.–
2519/1   dto., in einem Stück geprägt   20.–

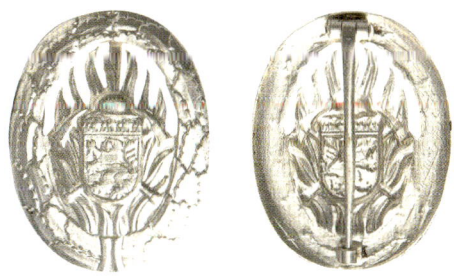

2520   3. Stufe (Silber, durchbrochen)   25.–

2520/1   dto., in einem Stück geprägt   25.–

2521   4. Stufe (Gold, durchbrochen)   30.–

2521/1   dto., in einem Stück geprägt   25.–

**Ehrenplakette für besondere Verdienste um die Landwirtschaft
und Umwelt (Ministerium für Landwirtschaft und Umwelt), 1973**

2522   Anstecknadel Stufe 1   10.–

2523   dto. Stufe 2   15.–

(Originalgröße)

2524   dto. Stufe 3   20.–

**Ehrenplakette für besondere Leistungen
auf dem Gebiet der Landwirtschaft (wie oben)**

2525   Anstecknadel Stufe 1   10.–

2526   dto. Stufe 2   15.–

2527   dto. Stufe 3   20.–

Ehrenplakette für besondere Verdienste um Landesentwicklung, Umwelt, Landwirtschaft und Forsten (Ministerium für Landesentwicklung, Umwelt, Landwirtschaft und Forsten), 1979

(Originalgröße)

2528   Anstecknadel Stufe 1   10.–

(Originalgröße)

2529   dto. Stufe 2   15.–

(Originalgröße)

2530   dto. Stufe 3   20.–

Ehrenplakette für besondere Leistungen
auf dem Gebiet der Landwirtschaft (wie oben)

2531	Anstecknadel Stufe 1	10.–
2532	dto. Stufe 2	15.–
2533	dto. Stufe 3	20.–

Ehrenplakette für besondere Verdienste um Landwirtschaft, Forsten und Naturschutz (Ministerium für Landwirtschaft, Forsten und Naturschutz), 1985

2534	Anstecknadel Stufe 1	10.–
2535	dto. Stufe 2	15.–
2536	dto. Stufe 3	20.–

Ehrenplakette für besondere Leistungen
auf dem Gebiet der Landwirtschaft (wie oben)

2537	Anstecknadel Stufe 1	10.–
2538	dto. Stufe 2	15.–
2539	dto. Stufe 3	20.–

Ehrenplakette für besondere Verdienste um Landwirtschaft und Forsten (Ministerium für Landwirtschaft und Forsten), 1986

2540	Anstecknadel Stufe 1	10.–
2541	dto. Stufe 2	15.–
2542	dto. Stufe 3	20.–

Ehrenplakette für besondere Verdienste um Landwirtschaft, Forsten und Naturschutz (Ministerium für Landwirtschaft, Forsten und Naturschutz), 1988

2543	Anstecknadel Stufe 1	10.–
2544	dto. Stufe 2	15.–
2545	dto. Stufe 3	20.–

MECKLENBURG-VORPOMMERN

2560   Verdienstorden, 2001   120.–

2561   Rettungsmedaille am Bande, 1992   90.–

Brandschutz-Ehrenzeichen, 1993

2562   für 10 Dienstjahre   25.–

2563   für 25 Dienstjahre   30.–

2564   für 40 Dienstjahre   35.–

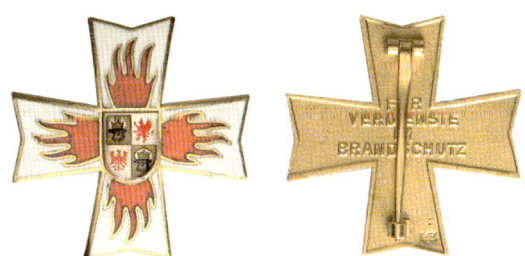

2565 Sonderstufe 55.–

NIEDERSACHSEN

Verdienstorden, 1961

2575   Großes Verdienstkreuz, 1. Form (RS glatt, 63,18 mm)   105.–

2575/1   dto., 2. Form (RS emailliert, 58,98 mm)   95.–

2575/2   dto., 2. Form (RS emailliert, 58,98 mm),
                geänderter Stempel   90.–

2576   Verdienstkreuz (Steckkreuz, breite Nadel, 54,23 mm)   60.–

2576/1   dto., runde Nadel (54,07 mm, geänderter Stempel)   55.–

2577   Verdienstkreuz am Bande   30.–

2578   Rettungsmedaille am Bande, 1953   95.–

2579   Anstecknadel zur Medaille für Verdienste
                 um den Nächsten, 1970   20.–

Ehrenzeichen für Verdienste im Feuerlöschwesen, 1954

1. Ausführung

2580   für 25 Dienstjahre, Bronze   30.–

2581   für 40 Dienstjahre, versilbert   40.–

2. Ausführung

2582   für 25 Dienstjahre, versilbert   20.–

2583   für 40 Dienstjahre, versilbert/vergoldet   25.–

2584   für 50 Dienstjahre, vergoldet   35.–

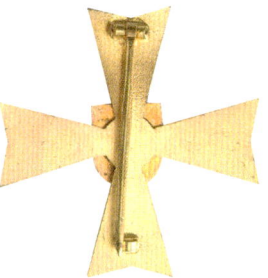

2585   Sonderstufe, 1956   75.–

2586   Gedenkmedaille aus Anlass der
             Sturmflutkatastrophe, 1962   25.–

2587   Gedenkmedaille aus Anlass der
             Waldbrandkatastrophe im August 1975, 1976   20.–

2588   Hochwassermedaille 2002, 2002   20.–

NORDRHEIN-WESTFALEN

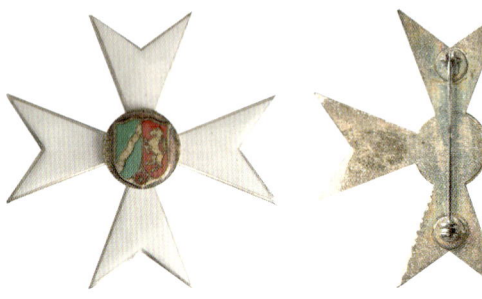

2595   Verdienstorden, 1986   95.–

Rettungsmedaille, 1951

2596   *1. Form, 1951 – 1970*   90.–

2597   *2. Form, seit 1970*   60.–

Feuerwehr-Ehrenzeichen, 1954

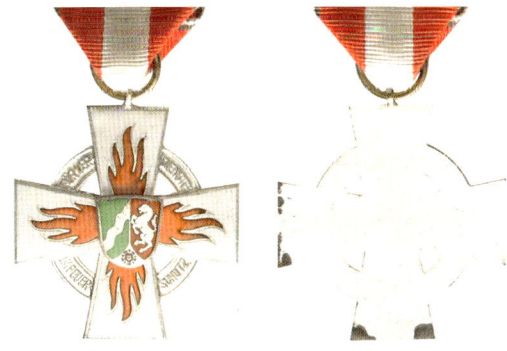

2598   1. Stufe   15.–

2599   2. Stufe   20.–

2600   Sonderstufe in Silber   40.–

2601   Sonderstufe in Gold   40.–

Feuerwehr-Leistungsabzeichen, 1976 – 1980
(mit Landeswappen)

2602   Bronze   15.–

2603   Silber   20.–

2604   Gold   30.–

Katastrophenschutz-Ehrenzeichen, 2004

2605   in Silber   30.–

2606   in Gold   35.–

RHEINLAND-PFALZ

2610   Verdienstorden, 1982   95.–

2611   Verdienstmedaille des Landes Rheinland-Pfalz, 1996   65.–

Rettungsmedaille am Bande, 1951

| **2612** | *1. Form, 1951 – 1971* | 95.– |

| **2613** | *2. Form, seit 1971* | 75.– |

Ehrennadel des Landes Rheinland-Pfalz, 1974

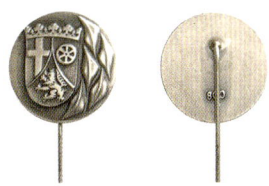

| **2614** | Anstecknadel für Herren | 25.– |

| **2615** | Brosche für Damen | 25.– |

Feuerwehr-Ehrennadel und Feuerwehr-Ehrenzeichen
Ehrennadel, 1950 – 1956

2616   in Silber   25.–

2617   in Gold   40.–

Feuerwehr-Ehrenzeichen, 1956 – 1984, *Rs mit Inschrift*

2618   1. Stufe   30.–

2619   2. Stufe   45.–

2620   3. Stufe   95.–

Feuerwehr-Ehrenzeichen, 1956 – 1984, *Rs ohne Inschrift*

| **2621** | 1. Stufe | 30.– |
| **2622** | 2. Stufe | 45.– |

| **2623** | 3. Stufe | 95.– |

Feuerwehr-Ehrenzeichen, seit 1985

| **2624** | Silbernes Ehrenzeichen für 25jährige Tätigkeit | 20.– |

2625   Goldenes Ehrenzeichen für 35jährige Tätigkeit   25.–

2626   Silbernes Ehrenzeichen am Bande   30.–

2627   Goldenes Ehrenzeichen dto.   50.–

2628   Goldenes Ehrenzeichen, Steckkreuz   65.–

2629   Ehrenkreuz für besonders mutiges Verhalten   85.–

Feuerwehr-Leistungsabzeichen, 1983

2630	Bronze	15.–
2631	Silber	20.–
2632	Gold	25.–
2633	Gold mit Wiederholungszahlen	30.–
2634	**Anstecknadel zur Freiherr-vom-Stein-Plakette**	⋆

SAARLAND

2640   Verdienstorden, 1974   200.–

2641   Rettungsmedaille, 1959   230.–

Feuerwehr-Ehrenzeichen, 1959

2642 1. Stufe 20.–

2643 2. Stufe 25.–

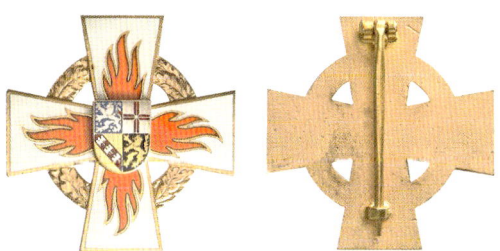

2644 Sonderstufe 50.–

Feuerwehr-Leistungsabzeichen, 1982 – 2005

2645   in Silber, 1975   25.–

2646   in Gold, 1982   30.–

Feuerwehr-Leistungsabzeichen, 2004

2647   in Bronze   20.–

2648   in Silber, 2005   25.–

2649   in Gold, 2006   30.–

2650   **Anstecknadel zur Freiherr-vom-Stein-Medaille, 1989**   ★

Katastrophenschutz-Ehrenzeichen, 2007

| **2651** | 1. Stufe | 25.– |

| **2652** | 2. Stufe | 45.– |

SACHSEN

2655   Verdienstorden, 1996   290.–

2656   Lebensrettungsehrenzeichen, 1999   110.–

Feuerwehr-Ehrenzeichen, 1992

2657   Ehrenzeichen am Bande, Stufe 1   15.–

2658   dto., Stufe 2   30.–

2659   Steckkreuz, Stufe 1   50.–

2660   dto., Stufe 2   60.–

Feuerwehr-Ehrenzeichen, 2003

2661   in Bronze für 10 Dienstjahre   ★

2662   in Silber für 25 Dienstjahre   ★

2663   in Gold für 40 Dienstjahre   ★

2664   Steckkreuz für besondere Verdienste   ★

2665   Gedenkmedaille aus Anlass der Waldbrand-
katastrophe Weißwasser im Mai/Juni 1992, 1993   25.–

2666   Sächsischer Fluthelfer-Orden 2002, 2002   20.–

Feuerwehr-Leistungsabzeichen, 2000
für Löscheinsatz

2667	Bronze	25.–
2668	Silber	30.–
2669	Gold	35.–

für technische Hilfeleistung, 2001

2670	Bronze	25.–
2671	Silber	30.–
2672	Gold, 2012	35.–

2672/1	**Sächsischer Fluthelfer-Orden 2013, 2013**	30.–

SACHSEN-ANHALT

2673   Verdienstorden, 2006   110.–

2674   Ehrennadel des Ministerpräsidenten des
             Landes Sachsen-Anhalt, 2000 – 2006   50.–

2675   Ehrennadel des Landes Sachsen-Anhalt, 2006   30.–

2676   Rettungsmedaille, 2005   60.–

Brandschutz-Ehrenzeichen, 1993 – 2004

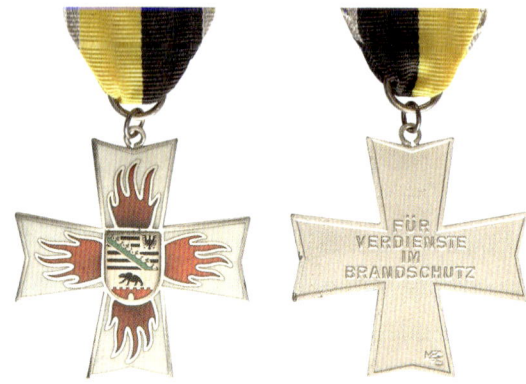

2677   Silbernes Ehrenzeichen am Bande   35.–

2678   Goldenes Ehrenzeichen am Bande   45.–

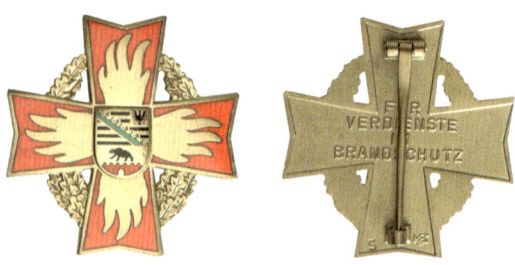

2679   Goldenes Ehrenzeichen, Steckkreuz   60.–

Ehrennadel für langjährige Tätigkeit im Brandschutz, 1993

2680   für 10 Jahre   10.–

2681   für 20 Jahre   15.–

2682   für 30 Jahre   20.–

2683   für 40 Jahre   25.–

2684   für 50 Jahre   30.–
2685   für 60 Jahre, 2005   45.–
2686   für 70 Jahre, 2005   45.–

(Originalgröße)

2687   **Abzeichen zur Erinnerung an die Hilfeleistung bei
             der Hochwasserkatastrophe im April 1994, 1994**   15.–

| **2688** | Hochwassermedaille 2002, 2002 | 18.– |

Brand- und Katastrophenschutz-Ehrenzeichen, 2005

2689	Silbernes Ehrenzeichen am Bande	30.–
2690	Goldenes Ehrenzeichen dto.	45.–
2691	Goldenes Ehrenzeichen, Steckkreuz	55.–
2692	Hochwasser-Ehrennadel 2013, 2013	18.–

SCHLESWIG-HOLSTEIN

2694   **Verdienstorden 2008**   120.–

Rettungsmedaille am Bande, 1951

2695   *1. Form, 1951 – 1954*   ★

2696   *2. Form, seit 1954*   150.–

Ehrennadel des Landes Schleswig-Holstein, 1982

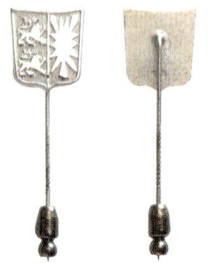

2697	Anstecknadel für Herren	55.–

2698	Brosche für Damen	55.–

(Originalgröße)

2699   **Anstecknadel zur Schleswig-Holstein-Medaille,**
1978 – 2008   50.–

Medaille für Arbeitsjubilare, 1967 – 2007

1. Stempel, 1967 – 1993, wieder seit 2005

2700	Silberne Medaille für 40jährige Tätigkeit	55.–

2701	Goldene Medaille für 50jährige Tätigkeit	60.–

2. Stempel, 1993 – 2005

2702   Silberne Medaille für 40jährige Tätigkeit   55.–

Brandschutz-Ehrenzeichen,1955, *Rs-Inschrift vierzeilig*

2703   1. Stufe   15.–

2704   2. Stufe   20.–

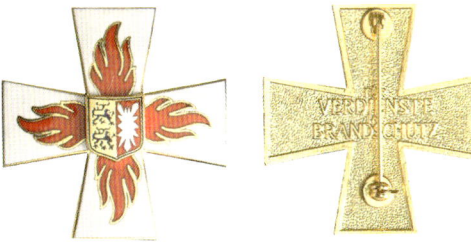

2705   Sonderstufe   70.–

Brandschutz-Ehrenzeichen,1955, *Rs-Inschrift zweizeilig*

2706   1. Stufe   15.–

2707   2. Stufe   20.–

2708   Sonderstufe   50.–

Gildenkette, 1967

2709   *1. Stempel, 1967 – 1993, wieder seit 2005*   550.–

2710   *2. Stempel, 1993 – 2005*   600.–

2711   Sturmflutmedaille, 1962   35.–

(Originalgröße)

2712   Flutehrenzeichen 2002, 2002   25.–

Schleswig-Holsteinisches Feuerwehr-Ehrenkreuz, 1998

2713   in Bronze am Bande   25.–

2714 in Silber dto. 30.–

2715 in Gold, Steckkreuz 40.–

Anstecknadel zur Sportplakette

(Originalgröße)

2716   für Herren   40.–

(Originalgröße)

2717   für Damen   40.–

2718   **Freiherr-vom-Stein-Verdienstnadel, 2009**   ★

THÜRINGEN

2720   Verdienstorden, 2000   80.–

2721   Rettungsmedaille am Bande, 1994   90.–

Brandschutz-Ehrenzeichen, 1992

2722   Bronzene Medaille   15.–

2723   Silbernes Ehrenzeichen am Bande   30.–

2724   Goldenes Ehrenzeichen dto.   35.–

2725   Silbernes Ehrenzeichen, Steckkreuz   45.–

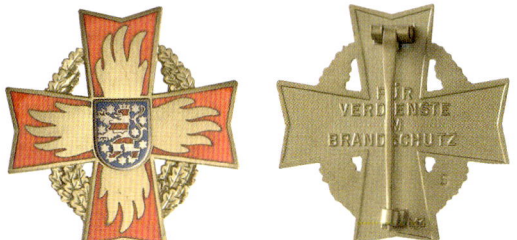

2726   Goldenes Ehrenzeichen dto.   60.–

Feuerwehr-Leistungsabzeichen, 1997

2727	Bronze	15.–
2728	Silber	20.–
2729	Gold	25.–
2730	**Ehrennadel zum Ehrenbrief** **des Landes Thüringen, 2005**	★
2731	**Sportplakette, 1997**	★

Katastrophenschutzmedaille, 2009

2732	Bronze	20.–
2733	Silber	25.–
2734	Gold	30.–
2735	**Erinnerungsabzeichen Fluthilfe 2013, 2013**	20.–

2230

2227

2224

2234

2228

2225

2221

2222 Damenschleife

2216, 2218

2217

2215

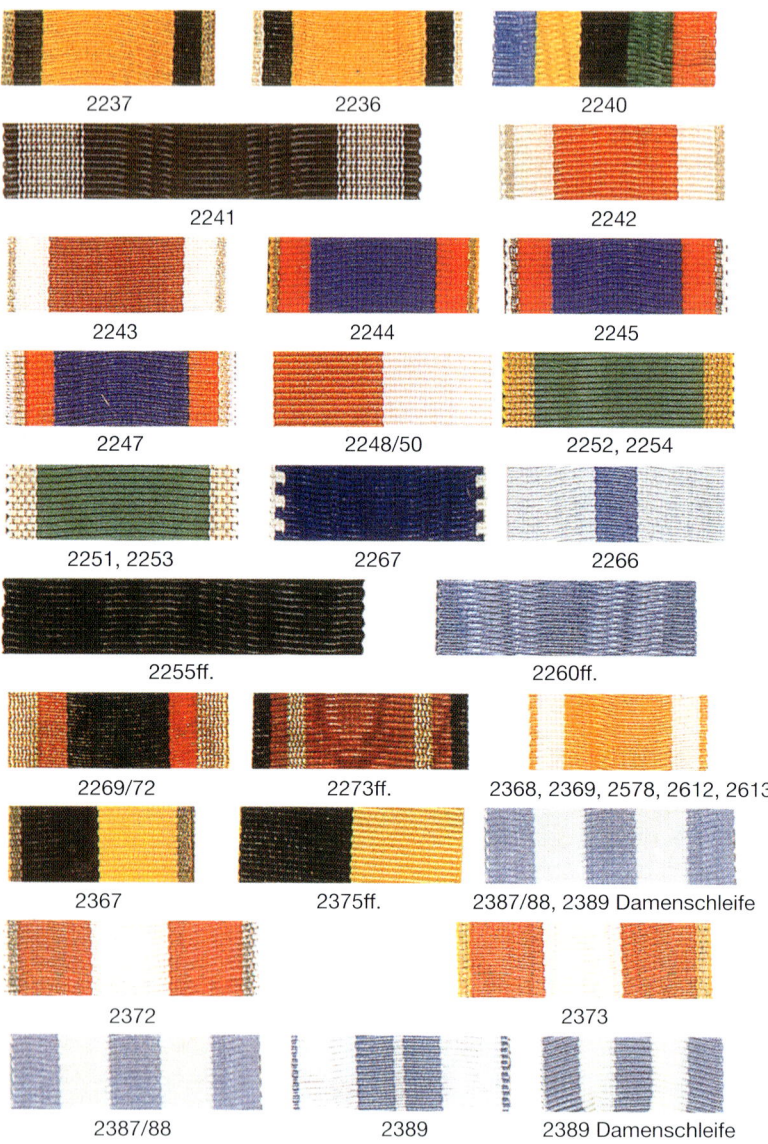

2237

2236

2240

2241

2242

2243

2244

2245

2247

2248/50

2252, 2254

2251, 2253

2267

2266

2255ff.

2260ff.

2269/72

2273ff.

2368, 2369, 2578, 2612, 2613

2367

2375ff.

2387/88, 2389 Damenschleife

2372

2373

2387/88

2389

2389 Damenschleife

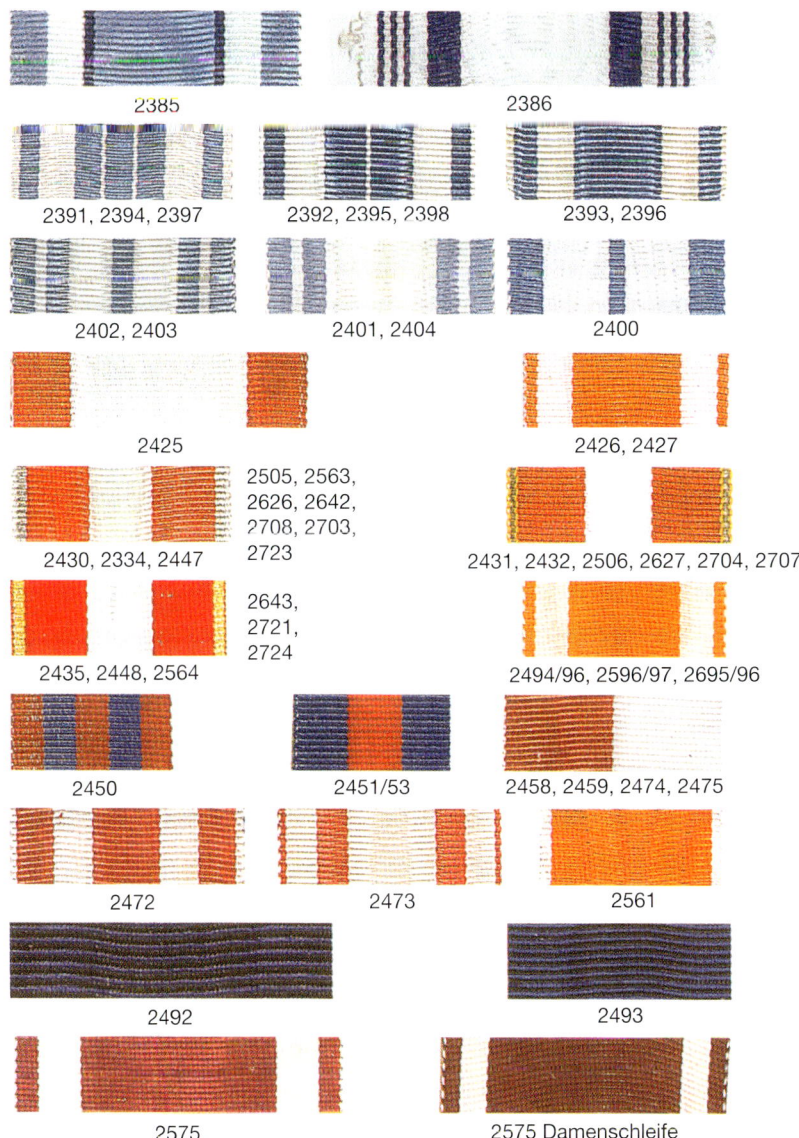

2385

2386

2391, 2394, 2397

2392, 2395, 2398

2393, 2396

2402, 2403

2401, 2404

2400

2425

2426, 2427

2430, 2334, 2447

2505, 2563,
2626, 2642,
2708, 2703,
2723

2431, 2432, 2506, 2627, 2704, 2707

2435, 2448, 2564

2643,
2721,
2724

2494/96, 2596/97, 2695/96

2450

2451/53

2458, 2459, 2474, 2475

2472

2473

2561

2492

2493

2575

2575 Damenschleife

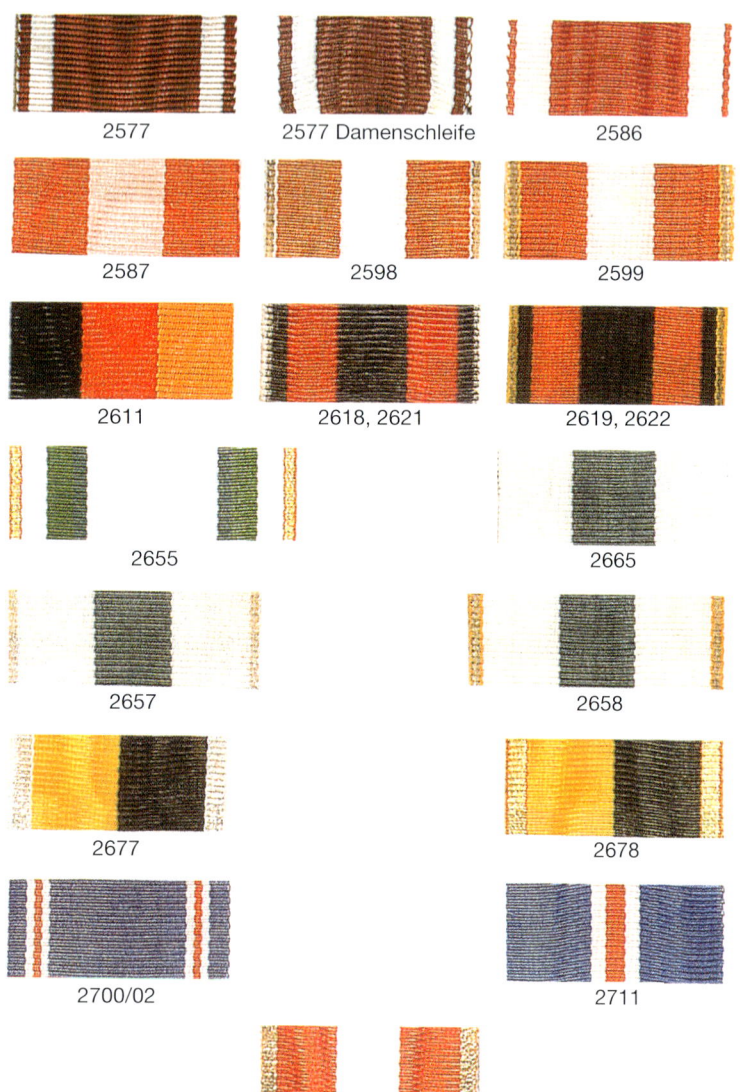

2577

2577 Damenschleife

2586

2587

2598

2599

2611

2618, 2621

2619, 2622

2655

2665

2657

2658

2677

2678

2700/02

2711

2722

Anzeigen

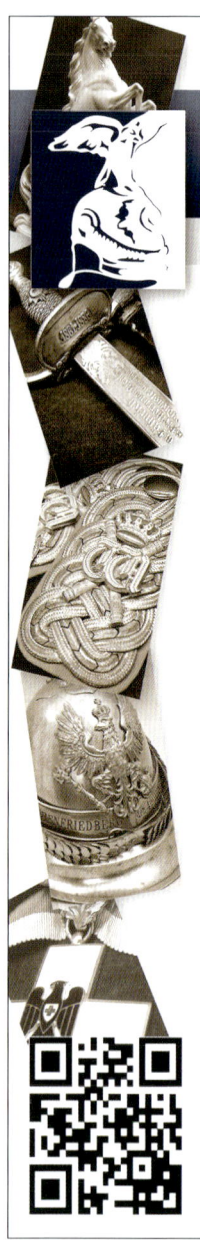

 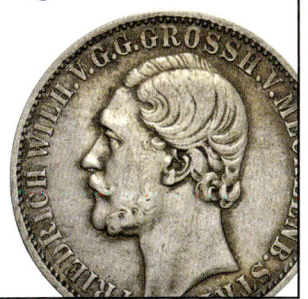

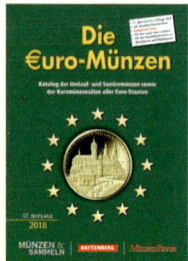

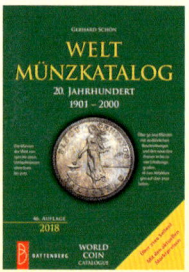
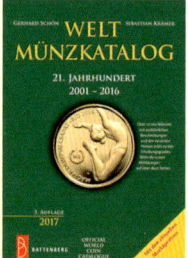